엄마도 처음이라서 그래

엄마도
처음이라서
그래

초판 1쇄 인쇄 2016년 5월 25일   **초판 5쇄 발행** 2019년 1월 15일

지은이 김주연   **펴낸이** 김종길   **펴낸곳** 글담출판사
책임편집 이경숙   **편집** 이은지·이경숙·김진희·김보라·김은하·안아람
디자인 정현주·박경은·손지원   **마케팅** 박용철·김상윤   **홍보** 윤수연·김민지   **관리** 박은영

출판등록 1998년 12월 30일 제2013-000314호
주소 (04029) 서울특별시 마포구 월드컵로8길 41 (서교동 483-9)
전화 (02)998-7030   **팩스** (02)998-7924   **페이스북** www.facebook.com/geuldam4u

ISBN 979-11-86650-17-2   13590
*책값은 뒤표지에 있습니다.   *잘못된 책은 바꾸어 드립니다.

이 도서의 국립중앙도서관 출판시도서목록(CIP)은 e-CIP홈페이지(http://www.nl.go.kr/ecip)와 국
가자료공동목록시스템(http://www.nl.go.kr/kolisnet)에서 이용하실 수 있습니다. (CIP 제어번호 :
CIP2016012030)

글담에서는 참신한 발상, 따뜻한 시선을 가진 원고를 기다리고 있습니다. 원고는 글담
출판 블로그와 이메일을 이용해 보내주세요. 여러분의 소중한 경험과 지식을 나누세요.
블로그 http://blog.naver.com/geuldam4u   **이메일** geuldam4u@naver.com

엄마도 처음 이라서 그래

김주연 지음

글담출판

나만 힘든 것이 아니고,
나만 모르는 것이 아님을…

육아 인생 5년 차에 접어드니 이제야 슬슬 알 거 같습니다. 육아가 힘들다고 고민하는 것 자체가 저를 힘들게 하고 있었다는 사실을요. 육아는 원래 힘든 거고, 힘드니까 육아라는 사실을 이제야 슬슬 깨닫게 되었습니다. 그 힘듦을 그동안 쉽게 할 궁리만 하고 있었기에 내가 그토록 힘들었다는 것 역시 깨닫고 있는 중입니다.

참으로 당돌하게도, 제가 세상에서 가장 좋은 엄마가 되는 건 시간문제라고 생각한 적도 있었습니다. 하지만 저는 날이 갈수록 시간만 때우는 엄마가 되어 가고 있었습니다. 자식에 대한 헌신은 엄마라는 사람에게는 당연히 장착되어 있는 기능이라고 생각했는데 그것도 아니었습니다. 저는 엄마가 되어서도 나의 엄마만을 찾고 있었습니다.

도무지 제 생각과 맞게 돌아가는 것이 없었습니다. 왜 자식에 대한 사랑 하나만으로 좋은 엄마가 될 수 없는지 그것이 이해가 되지 않았습니다. 엄마가 되고 나서야 알았습니다. 내 엄마 같은 엄마는 도저히 될 자신이 없다는 걸요. 자꾸만 지난날의 저와 꿈이 생각났습니다. 육아가 힘들게 느껴질수록 더욱 간절하게 그리워졌습니다.

그러다 문득 제 품에 안긴 아기를 보며 웃고, 울고, 행복해하는 저의 모습을 보며 오히려 아기를 만나 이전보다 더 행복한 삶을 살고 있음을 깨달았습니다. 그때부터였습니다. 늘 힘들다는 말을 달고 살던 제 모습이 부끄러워졌습니다.

그리하여 글을 쓰기 시작했습니다. 아무것도 모르는 초보 엄마가 실수하고, 후회하고, 좌충우돌하는 육아의 일상이지만, 그러한 글 안에서 저는 새로운 의미를 찾아가기 시작했습니다. 그 일기들은 저를 돌아보고 반성하며 제 마음을 내려놓도록 도와주었습니다. 그렇게 마음을 비우니 내가 엄마로서 무엇을 어떻게 해야 하는지 그제야 눈에 들어오기 시작했습니다. 그만큼 엄마로서 저 역시 자라고 있었습니다.

그리고 감사하게도 이런 제 글을 맘스홀릭베이비 카페에 1년 반이라는 긴 시간 동안 담아 올 수 있었습니다. 초보 엄마의 서툰 육아 이야기에 감사하게도 많은 분들이 공감을 해주셨습니다. 그리고 그분들의 공감은 저에게 큰 위로가 되었습니다. 그 이야기들이 이렇게 책으로 세상에 나오게 되었습니다.

더욱 성장하고 싶고, 더욱 위로 받고 싶고, 또 조금은 쉬고 싶은 마음에 꾸준히 글을 써왔고, 지금도 쓰고 있습니다. 그러므로 이 책은 저의 일기

장이자 반성문 같은 것이기도 합니다. 육아의 길에 대해 깊이 고민하고 노력해 온 학습장이기도 하고요. 그리고 많은 분들과 함께 공감을 나누며 쉬어 온 휴식처이기도 합니다.

나만 힘든 것이 아니고, 나만 모르는 것이 아님을, 지금 나의 어려움이 나 혼자만의 문제가 아니라 육아의 보편적인 어려움이라는 걸 알게 된 것만으로도 큰 힘이 되기도 합니다. 지극히 개인의 문제인 거 같지만, 사실은 우리 모두가 함께 성장하기 위해 거쳐 가는 과정인 거예요.

처음 이 글을 쓰기 시작할 무렵, 저희 아기는 말도 하지 못했고, 떼도 심했고, 기저귀도 차고 있었습니다. 밥도 잘 안 먹고, 잠투정도 심하게 했으며, 밤에도 수시로 깨곤 했습니다. 당시 아기의 행동 하나하나가 저에게는 걱정거리였습니다. '왜 말을 안 할까, 잠을 왜 못 잘까, 왜 이렇게 떼를 쓸까…….' 그렇게 고민하며 걱정하던 제 모습들이 무색할 만큼 저희 아이는 요즘 잘 먹고, 잘 자며, 쉬지 않고 말하는 수다쟁이가 되었습니다. 떼를 쓰는 대신 엄마와 대화를 통해 원하는 걸 얻는 법도 알게 되었고요. 그리고 저는 요즘 예전에 왜 그런 고민들을 했던 건지 후회하곤 합니다. 제 때를 만나 하나씩 스스로 해 나가는 아이를 보는 일은 기쁨이고 감동입니다. 내가 엄마로서 해야 할 일은 그저 아이를 지켜보고 아이의 때를 기다리는 일이라는 걸, 이제야 알 거 같습니다.

　아직도 부족함투성이지만, 그리고 여전히 전쟁 같은 육아를 하고 있지만, 그래도 괜찮다고, 잘하고 있다고, 그 정도면 충분히 좋은 엄마라며 저의 어깨를 토닥여 줄 손길이 필요했음을 고백합니다. 그리고 당신께도 그런 작은 위로의 손길이 되어 드리고 싶습니다.

　괜찮아요. 우리 모두 다 엄마가 처음이라서 그래요. 처음은 뭐든 서툴고, 그래서 실수조차 아름다운 추억으로 남길 수 있는 특권을 가졌잖아요.

　그러니까 우리는, 먼 훗날 아름다운 기억으로 남길 멋진 날들을 살고 있는 중입니다. 괜찮아요. 그럴 수도 있고, 그럴 때도 있어요. 지금도 충분히 잘하고 있어요. 그리고 저처럼 당신에게도 '육아'가 꿈을 찾는 날개가 되길 바랍니다.

2016년 5월

김주연

차
례

1장 "엄마의 하루하루가 이토록 애틋한 이유"

아이는 엄마를 너무 사랑해

2장

"완벽한 엄마를 꿈꾼 건 아이가 아닌 나였음을"

가르쳐야만 하는 줄 알았어,
엄마라는 이유로

3장

"해도 해도 늘지 않는 육아에 한없이 작아지던 순간들의 깨달음"

유난히 너와의 하루가
힘든 날이 있어

4장

"너를 만난 5년의 시간만큼 엄마도 자랐다"

어느새 엄마 나이 다섯 살

5장

"사랑하는 연인이 부모가 되는 과정은 육아만큼 짠하다"

그래도 고마워요, 당신

6장

"늘 엄마만 찾던 아이가 엄마가 된 순간"

엄마, 나도 이렇게 예뻤어?

그동안 엄마는
아이를 일방적으로
사랑해 주는 존재라고 생각했다.

아이는 너무 어리니깐,
한없이 여린 존재니깐,

엄마인 날 이해하지도,
헤아리지도 못할 거라고 생각했다.

그러나 아이는 그 작은 몸으로
있는 힘껏 엄마를 사랑한다.

육아란 누군가의 희생이 아닌
엄마와 아이가 서로
사랑을 주고받는 일임을 아이에게 배운다.

아이는
엄마를
너무 사랑해

또 다른 핑계

아이도 엄마에게 사랑을 고백한다

아줌마가 된 뒤 나는 딸기를 잘 먹지 못했다.
딸기는 맛있고, 맛있는 건 늘 비싸니까.
하필이면 마트에 들어가자마자 바로 보이도록 가득 진열해 놓은
새빨간 딸기를 애써 못 본 척 지나가곤 했다.

시고 맛도 별로일 거야.

그러면서 상태가 별로 안 좋아 싸게 파는 딸기 코너는
열심히도 뒤적거리던 나.
고민하지 말고 하나 사 먹으라고 옆에서 재촉하는 남편의 말을
애써 무시하며 발걸음을 돌리곤 했다.
'아줌마'라는 이름은 내게 '나'보다 당신, 우리, 가정을
먼저 생각하도록 만들어 주었다.

엄마가 되고 난 뒤 나는 여전히 딸기를 먹지 않는다.
딸기는 여전히 비싸고, 나는 자식 먹는 것만 봐도 배부른 엄마니까.

그래도 그때와 달라진 점이 있다면 이제는 큰 고민 없이
딸기를 카트에 담을 수 있는 용기가 생겼다는 것이다.
네가 좋아하니까, 네가 잘 먹으니까.
네가 웃으며 먹는 모습을 상상만 해도 입안에 침이 고인다.
그것만으로도 딸기를 담아 올 이유는 충분하다.

딸기를 씻고 먹기 좋게 내어놓으니 너는 역시 해맑게 웃는다.
한 개를 집어서 먹다가 나에게도 하나 먹으라고 내준다.
나는 잠시 망설이다가 바로 고개를 젓는다.

"아니야, 너 먹어. 엄마는 이 시려서 못 먹어."

표정까지 그럴듯하게 지어 보이며 차가운 것을 못 먹는다고 설명해 주자
아기는 알았다는 듯 고개를 끄덕인다.
그러고는 이내,

1장. 아이는 엄마를 너무 사랑해

아기야, 이제 그러지 마.

딸기는 물론 맛있지만

나는 이제 또다시 딸기를 먹지 못하는

새로운 이유를 찾아야 하잖니.

딸기를 자기 가슴에 품는다.

호-, 입김까지 불어 가며 가슴으로 따듯하게 데운다.

혼자 먹던 때보다 더 해맑은 표정으로, 아기는 나에게 딸기를 건넨다.

고사리 같은 손으로 뭉그적거리며 데워 준 딸기를,

차마 먹지 않을 수가 없었다.

고맙다고 고개 숙여 인사한 뒤 한 입 베어 물었다.

역시 달고 맛있다.

적당히 먹기 좋게 미지근해지고 뭉개진 딸기가

내 가슴도 따듯하게 데워 준다.

하지만 아기야, 이제 그러지 마.

딸기는 물론 맛있지만

나는 이제 또다시 딸기를 먹지 못하는

새로운 이유를 찾아야 하잖니.

네가 집어 던지는 이유

아빠가 그리운 아이, 남편이 필요한 아내

네가 그러는 이유를 알고 있어.

오랜만에 아빠가 일찍 퇴근한 날이었고, 모처럼 세 가족이 거실에 앉아
차를 마시며 과일을 깎아 먹는 오붓한 시간이었지.
매일 야근하는 아빠를 기다리다 지쳐 잠들고,
자다가도 눈을 뜨면 아빠부터 찾던 너에게
아빠의 이른 퇴근은 얼마나 신이 났을지.
말 안 해도 잘 알지. 물론이야.

하지만 너 못지않게 나 역시 남편의 이른 퇴근을
기다리고 있었던 거야.
나에게는 아이 아빠뿐만 아니라 남편의 자리도 몹시 그리웠거든.
오랜만에 살 붙이고 앉아 미뤄 두었던 이야기를 신나게 풀어냈어.
네 아빠도 나도, 이렇게 말이 많았나 싶을 정도로
묵은 수다를 열심히 떨었지.

우리만의 시간에 열중하다 보니 문득 너무 조용한 네가 이상했어.

그제야 혼자 등을 돌려 블록을 하나하나 꺼내고 있는 네가 보였다.

네 아빠도 나도 미안하고 짠한 마음에

네 이름을 다정하게 불렀지.

그러자 너는 갑자기 일어나서 손에 들고 있던

블록을 바닥으로 거세게 던졌어.

플라스틱 블록이 떨어지는 요란한 소리에

우리는 가슴이 철렁할 정도로 놀랐지만

너는 그저 담담하게 서 있을 뿐이었어.

다급하게 네 이름을 다시 부르자

너는 또다시 블록을 던졌어.

던지고, 또 던지고.

쾅, 쾅, 떨어지는 소리가 들릴 때마다

내 가슴은 철렁철렁 요동치는 기분이었다.

머리가 너무 복잡해지기 시작했어. 이걸 어떻게 해야 하나.

"던지면 안 돼!"라고 소리치며 너의 행동을 저지해야겠다는

생각도 들었으나 나는 차마 그러지 못했다.

네 작은 어깨가 씩씩거리고 있었거든.

너는 화가 난 거야. 몹시.

그 작은 가슴에도 화가 쌓여 그것을 어떻게 풀어야 할지,

네 자신도 알지 못했던 거야.

네가 그렇게 화가 난 이유도 알 것 같았어.

내가 네 아빠를 너무 독차지하고 있었기 때문이겠지.

누구보다 아빠와의 시간을 그리워했던 건 너였을 테니까.

나는 조심스럽게 너에게 다가갔어.

그리고 네 옆에 조용히 쪼그리고 앉아

네가 블록을 집어 던지는 걸 가만히 지켜보았다.

말릴 생각도 없었고, 그러고 싶지도 않았어.

네 화가 다 풀릴 때까지 기다리기로 했어.

블록을 던지던 너는 내가 의식이 되었는지 동작을 슬슬 멈추기 시작했어.

그 작은 어깨가 다시금 씩씩거렸지.

"우리 아기 화가 많이 났구나."

나는 조심스럽게 물었어.

애써 시선을 피하며 "네."라고 대답하는 너를 보니

마음이 짠해졌다.

너를 꼭 안아 주지 않을 수가 없었지.

내 품에 안기자 니는 손에 쥐고 있던 블록을 천천히 내려놓았어.

네 작은 가슴에도 화가 그렇게 쌓일 수 있다는 것이 새삼 놀랍고,

생각해 보면 그래서 더 화가 크게 느껴질 수 있다는 걸

네 작은 가슴에도
화가 그렇게 쌓일 수 있다는 것이 새삼 놀랍고,
생각해 보면 그래서 더 화가 크게 느껴질 수 있다는 걸
알아차리지 못한 내가 답답했어.

알아차리지 못한 내가 답답했어.

나는 남편을 아빠의 자리로 곱게 보내 드렸다.
마구 집어 던지던 블록을 가지고 아빠와 자동차를 만들어 노는
널 보니 안도감이 든다.

물건을 집어 던지는 건 마땅히 바로잡아 줘야 하는 행동이지만,
내가 너의 화를 미리 알아차리지 못한 죄로
그것을 실컷 해소할 시간을 주기로 했어.
너를 물건을 집어 던지지 않는 아이로 기르는 것보다
너의 마음을 헤아릴 수 있는 엄마가 되는 것이 시급한 문제였으니까.

이해하기와 배려하기

아기에게 기대하지 않은

"엄마가 오늘은 정말 몸이 안 좋아.
조금만 누워 있을게."

아기가 그걸 이해해 줄 거라는 기대는 전혀 하지 않았다.
그저 잠깐이라도 누워 있을 수 있는 시간을
벌기 위한 목적이었다.
파란색 휴지를 잘게 찢어서 거실에 온통 흩뿌려 놓는 걸 보면서도
말릴 힘조차 없었으니까.
가만히 누워 달리 할 수 있는 게 없었기에
그냥 차분하게 설명해 주었다.
엄마가 이렇게 누워 있을 수밖에 없는 이유를.

"아가, 이거 다 치워야지. 엄마는 치울 힘이 없는데……."
마지막 기운을 짜내 혼자 중얼거리듯 말하며 스르륵 눈을 감았다.

1장. 아이는 엄마를 너무 사랑해

✳

잔 건지 만 건지,
잠깐 눈을 감았다 뜨니 눈앞에 꽃잎처럼 흩뿌려져 있던
휴지 조각들이 말끔하게 치워져 있었다.
꿈을 꾼 건가, 아니면 꿈을 꾸고 있는 건가. 헷갈렸다.
그리고 잠시 후,
나를 안내하는 아기를 따라 발걸음을 옮긴 곳에서 목격한 광경을 보고
이것이 꿈이 아님을 깨달았다.

쓰레기통에 구겨 넣듯 담긴 휴지 조각들,
그리고 덤으로 끼어 들어간 아기의 가제 수건,
그 옆에 뿌듯한 얼굴로 서 있는 너.

그러니까 엄마가 아파서 누워 있는 잠시 동안
네가 방을 다 치운 거로구나.
그걸 엄마에게 꼭 보여 주고 싶었던 거고.

아기는 그새 어디선가 작은 휴지 조각을 또 찾아 가지고 와
쓰레기통에 담아 넣고는
칭찬 받기를 기다리며 서 있다.

'엄마가 아프다고 해서 엄마 자는 동안 내가 다 치웠어요.

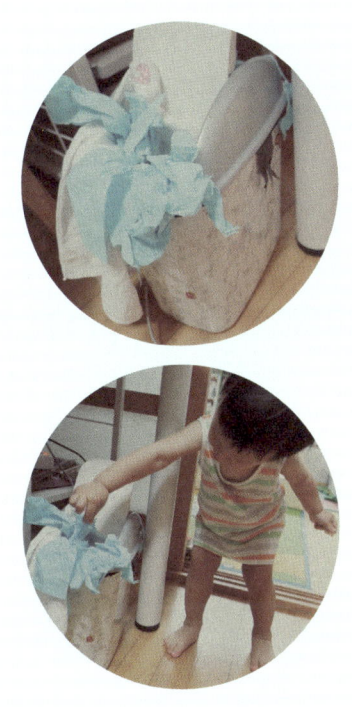

ㅇ ㅇ ㅇ

아기에게 이해 받기를 기대하지 않았던 내 행동이
아기에게 이해 받지 못하는 가장 큰 이유였나 보다.
너는 이미 타인을 이해하고 배려할 줄 아는 아이였던 것을.

나 잘했죠?'

아기는 이렇게 말하는 것 같았다.
그런 아기를 바라보는 일은, 감동 그 자체였다.

아기에게 이해 받기를 기대하지 않았던 내 행동이
아기에게 이해 받지 못하는 가장 큰 이유였나 보다.
너는 이미 타인을 이해하고 배려할 줄 아는 아이였던 것을.

그건 다 브로콜리 탓이다

아이를 기르는 일과 비슷한 일

아이는 어느 순간부터 자연스럽게 냉장고를 장악했다.

엄마에게 '이거, 저거 먹고 싶다' 조를 필요가 없어진 거다.

먹고 싶은 게 있으면 그냥 꺼내서 먹으면 된다는 걸 알게 되었으니까.

그런 아이 덕분에 나는 요즘 냉장고를 정리하기 바쁘다.

주로 아이가 먹으면 좋지 않은 음식들을

검은 비닐로 포장해 두거나 안쪽 깊숙이 숨겨 두는 일들이다.

어제도 아이는 냉장고를 열고

무언가 주섬주섬 일을 하기 시작했다.

나는 그냥 구경을 즐겼다.

그러더니 어느 순간 엄마 먹으라며 밥상을 차려 낸다.

놀랍게도 잡곡밥과 브로콜리 반찬이다.

쌀통에서 바로 떠낸 따끈따끈한 잡곡밥에,

얼마 전에 씻어서 넣어 둔 싱싱한 브로콜리 한 그릇.

이것은 그야말로 자연 밥상,

날것이 살아 숨 쉬는 생생 자연식.

엄마 먹는 동안 상할까 봐 선도 유지제까지 넣어 준 센스라니.

그러고는 해맑게 웃으며 "엄마 먹어."라고 말해 주니,

캬-, 세상 다 가진 기분이 바로 이런 걸까 싶어

황홀한 기분이 든다.

"고마워, 사랑해, 네가 최고야, 뽀뽀 쪽쪽."

할 수 있는 최고의 애정 행각을 벌인 후

냠냠, 쩝쩝, 먹는 흉내를 내며 "아, 맛있다!" 연기를 했다.

그랬더니 아이가 더 맑은 웃음을 보내며 단 한마디를 건넨다.

"같이 먹어."

아이는 브로콜리를 내밀며, "아-, 냠냠." 한다.
"어, 그거는 그냥 먹는 게 아니고 익혀서 먹는 건데…….'
주절주절하는 사이 아이는 기어이 엄마 입을 벌리고
안에다가 브로콜리를 쑤셔 넣었다.
입안으로 무턱대고 들어온 불편한 이물감을 어찌해야 할지
잠시 고민하다가, 눈 질끈 감고 와그작와그작 씹어 먹었다.

그러자 아이는 세상 다 가진 표정으로 손뼉을 치며 좋아한다.
"맛있지? 맛있지?" 하며.
"그래, 맛있다, 그러니까 너도 먹어!" 하니까
안 된단다. 그럴 수 없단다.
뭔가 다 알고 있는 듯한 기분이다.
다행히 잡곡밥 먹으라는 말은 안 하니
그 한 번으로 생식 체험은 접을 수 있었다.

날것의 브로콜리를 씹어 먹으니 쌉쌀한 맛이 올라온다.
'이거 생으로 먹는다고 설마 내 수명이 단축되는 건 아니겠지.' 하는
바보 같은 걱정이 슬금슬금 올라오다 문득 그런 생각이 들었다.

1장. 아이는 엄마를 너무 사랑해

아이를 기르는 일이
브로콜리를 생으로 씹어 먹는 일과 비슷하다는 생각.

힘들고 좋아하지 않는 일이지만 내 아이를 위해서라면
그저 달게 할 수 있는 용기가 생기는 거.
내 아이가 웃고 좋아하니까.

그 모습을 보는 일만으로도 너무나 행복해서
입안에 맴도는 쌉쌀한 맛쯤이야 금방 잊을 수 있게 되나 보다.

하지만 다음부터 브로콜리는 꼭 익혀서 먹자고
아이와 손가락 걸고 약속했다.

내 아이를 죽도록 사랑하지만,
그 뜨거운 사랑도 브로콜리의 맛까지
달콤하게 만들기에는 역부족인가 보다.
하지만 아이를 향한 나의 사랑은 언제나 변함없다.

그러니까 그건 다, 브로콜리 탓이다.

괜찮다, 괜찮다
내가 정말 참기 힘든 일

식사 시간이 돌아오면 나는 슬슬 긴장하기 시작한다.
아기 밥을 준비하는 고단함은 둘째 치고,
밥 먹이기 전쟁을 한바탕 벌일 생각에 몸이 경직되는 것이다.
오늘은 부디 수월하게 끝낼 수 있기를…….
속으로 '파이팅!'을 외치며 실전에 투입한다.

그런데 요즘 문제가 하나 더 늘었다.
아기는 밥그릇을 보자마자
자연스럽게 숟가락을 쥐고 떠먹기 시작하고,
의욕 넘치는 숟가락질에 비해 입에 들어가는 건
반이 채 되지 않는다.
입안에 미처 안착하지 못한 음식물들은
옷과 바닥으로 우수수 떨어져 새로운 청소거리로 쌓여 간다.

하지만 괜찮다.

옷은 빨면 되고 바닥은 닦으면 된다.
우리 집에는 세탁기도 있고 청소기도 있으니까
그런 것쯤은 괜찮다.

내가 정말 참기 힘든 건,
스스로 실망하는 아기의 눈빛을 보는 일이다.
본인의 노력과는 달리 입으로 들어가는 것보다
흘리는 게 더 많으니
아기는 자꾸 나를 쳐다보며 눈치를 본다.
그러고는 실망한 듯 고개를 숙인다.
또 흘릴까 봐 걱정이 되는지 숟가락을 뜨고도
선뜻 입에 넣지 못하고 머문다.

지금 내가 아기를 위해 할 수 있는 일이 무얼까, 생각해 본다.
숟가락을 바르게 쥐도록 도와주는 것,
흘리지 않도록 먹여 주는 것,
혹은 흘리자마자 부지런히 닦아 주는 것······.
하지만 나는 그냥 "괜찮다."라는 말만 해주기로 했다.

아가, 괜찮아. 정말 괜찮아.
흘리는 게 더 많으면 어때.
어쨌든 입으로 들어가는 것도 있으니 절반은 성공이지.

1장. 아이는 엄마를 너무 사랑해

내가 정말 참기 힘든 건,
스스로 실망하는 아기의 눈빛을 보는 일이다.

계속 흘리면서 떠먹다 보면 다음에는 조금 덜 흘리게 될 거야.
"괜찮아, 정말 괜찮아."

바라건대
늘 괜찮다고 말할 수 있는 엄마로 성장하기를
간절히 기도한다.

아이의 의도 1
나의 인내심이 무너진 날

기침이 나고 몸이 으슬으슬 열이 난다.
감기에 걸린 것이다.
사실 감기 같은 건 참을 만하다.
나를 힘들게 하는 건 너를 향한 인내심이
바닥으로 자꾸 떨어진다는 사실이다.
널 이해하고 참아야 한다는 것도 잘 알지만
내 몸 깊숙이 파고든 감기는 자꾸만 나를
엄마의 자리에서 잡아끌어 내린다.
그리고 그 엄마를 다시 붙잡아 세워 놓을 기운마저 없앤다.

그러니까,
전.적.으로 내 문제였다는 걸 안다.

＊

귀한 내 새끼니까 몸이 부서져도 밥은 해 먹여야지.
마스크로 얼굴을 죄다 가리고 눈만 간신히 내놓은 채

불 앞에 서서 지지고 볶는다.
그러는 사이에도 기침은 불시에 튀어나오려 하고,
그걸 억지로 꿀꺽 삼키며 팬 위로 손목을 휘두른다.

어느새 너는 또 슬금슬금 내 근처로 다가온다.
엄마와 요리하는 걸 참 좋아하는 아이,
엄마가 밥을 할 때는 옆에 와서
채소라도 다듬어야 직성이 풀리는 아이.

네가 나에게 다가오는 이유를 잘 안다.
그런데 너는 어쩐 일인지 나에게 곧장 오지 않고
근처에서 맴돌며 무언가를 꺼낸다.
가만 보니 작은 유리병을 꺼내 그 안에 물을 가득 담는다.
당연히 물은 아래로 주르륵 쏟아져 내린다.

네 밥을 해 먹이느라 간신히 남겨 놓은 내 얄은 인내심이,
마침내 바닥으로 쏟아져 내린다.

네 손에 든 병을 억지로 뺏어 들고
너를 울리고 나서야 진정이 된다.
아파 죽겠는데 그걸 겨우 참아 가며
네 밥을 만들고 있는 걸 알기나 하는 건지.

간신히 마음을 추슬러 밥을 만드는 사이
너는 울먹이는 표정으로 나에게 다시 다가온다.
놀랍게도 손에는 좀 전에
내가 뺏어서 식탁 위에 올려 둔 물병이 다시 들려 있다.
이번에도 물이 가득 담긴 채.

"너, 정말!"
너, 정말 해도 해도 너무하는구나.
나는 지금 네가 줄줄 흘리고 다니는 물을 닦을 여력도 없단 말이야.

이 말을 하기가 무섭게 아이는 내게 말한다.

"마셔, 엄마 마셔."
너는 울음 묻은 목소리로 말했다.

엄마의 목소리는 무섭고,
금방이라도 눈물이 날 것만 같지만
그래도 기침을 하는 엄마에게 물 한 잔은 꼭 떠주고자
큰 용기를 내어 다시금 물을 담아 엄마에게 다가온 너.
그 몸짓 안에는 물을 흘리지 않겠다는 굳은 의지가 담겨 있어
너의 걸음을 더욱 조심스럽게 만들었다.
아마도 예전부터 내가 기침을 하면
제 아빠가 물을 떠다 줬던 걸 기억하고 있었던 모양이다.
그리하여 기어코 물을 받아 엄마에게 다가온다.
물 한 잔을 떠서 꼭 엄마의 기침을 낫게 해주려고
단단히 결심을 한 것처럼.
자꾸만 물이 아래로 줄줄 흘러내리는 줄도 모른 채.

너, 정말…….
해도 해도 너무하는구나.

아무리 아프다고 해도 이런 보석 같은 아이의 의도를

그렇게 매몰차게 몰아치다니.

아이가 두 손 모아 떠다 준 차가운 물 한 잔에 정신이 번쩍 든다.

감기마저도 단번에 물리칠 수 있을 정도로.

아이의 의도 2
사례 걸린 날

뭘 먹다가 그렇게 잘 걸린다.

켁켁거리며 기침을 토하면

아이 아빠는 쯧쯧거리며 등을 토닥여 준다.

뭐가 그렇게 급해서 먹다가 자꾸 걸리느냐고 구박을 받아도

나는 수년째 식사 중 사레들리기 전문가로 살고 있다.

정확하게 말하자면, 엄마가 된 이후부터 그렇다.

그날은 남편도 없는 날이었다.

등 두드려 줄 사람이 없다고 사레 안 들리고 온전히 잘 먹으면

그것도 이상한 일.

나는 어김없이 밥을 먹다가 켁켁 사레가 들렸다.

너는 주방 싱크대에 의자를 갖다 놓고 손을 씻는다는 명분으로

나의 주방을 물바다로 만드는 중이었고,

나는 너의 뒤에서 정신없이 밥을 흡입하던 때였다.

물놀이장이 되어 가는 주방을 눈 뜨고 바라볼 수밖에 없었던 건,

어떻게든 밥 한술 먹어 보겠다는 엄마의 어쩔 수 없는 선택이었다.

주방은 젖어 가고, 내 배도 채워야 하니
나는 마음이 급할 대로 급해 있었다.

"콜록콜록, 컥컥."

사방으로 밥풀을 튀겨 가며 기침을 토하고 있는데
네가 나에게 쓱 다가온다.
그러고는 잔뜩 젖은 손을 내 등에 닦기 시작한다.
안 그래도 기침하느라 정신없고, 곧바로 주방을 치워야 할 생각에
정신이 쏙 빠져 있는데
너마저 왜 그러는 건지.
애들은 왜 사고를 쳐도 꼭 엄마가 위급하거나 다급한 순간을
골라서 말썽을 부리는 건지.
기침은 멈추지 않고 내 옷까지 젖어 가니
나는 또 버럭 할 수밖에 없지 않은가.

젖은 손을 왜 엄마한테 닦느냐며 언성을 높이자
너는 움찔하며 한 걸음 뒤로 물러선다.
그리고 용감하게도 제 어미에게 다시 다가와
좀 전의 행동을 반복한다.

'너 도대체 왜 그러니……'

엄마도 처음이라서 그래

2차 대폭발을 하기 직전 너의 목소리가 들렸다.

"토닥토닥……."

이것이 지금 무슨 소리인가.
'토닥토닥'이라니.
그러니까 넌 지금 사레들린 엄마를 위해
등을 두드려 주려 했던 거니.
급하게 달려오느라 젖은 손을 닦을 새도 없었던 거고.

네가 등을 두드려 주니 기침도 잦아들고 좋구나.
하지만 너의 의도도 헤아리지 못하는 어리석은 어미 따위,
기침을 토하든 말든 내버려 두지 그랬니.

그래도 너에게 2차 버럭까지 보여 주지 않아서,
너에게 고맙다는 인사를 할 수 있어서,
다행이고 또 다행이다.

1장. 아이는 엄마를 너무 사랑해

뭐가 미안한 거니?
아이에게도 권리가 있음을

아기가 토했다.

밥을 먹던 중이었다.

방금 전에 아기 입에 넣어 주었던 것들이

형태도 으스러지지 않고 그대로 쏟아졌다.

나는 충격에 빠져 그것을 치울 생각도 하지 못하고

잠시 멍해 있었다.

하지만 충격에 빠져 놀라기는 아기도 마찬가지였다.

밥을 안 먹는 아이와 씨름을 하는 일은 참으로 고되다.

내 육아 인생 중 나를 가장 힘들게 하는 일이

바로 이것이 아닐까 싶을 정도로.

잘 먹을 때는 혼자서도 잘 먹는 아기가

가끔 안 먹겠다고 할 때는 일절 안 먹는다.

그럴 때면 나는 굶을지언정 아기 밥만큼은 정성을 쏟는다.

어떻게든 네가 맛있게 먹는 모습을 보고 싶어서.

숟가락을 들고 쫓아다니면 어떻고 밥상머리 교육 좀 못 하면 어떠랴,
나에게는 네가 밥을 먹는 것만이 목표 아닌 목표가 되었으니…….

설득하고, 달래고, 화내고, 협박하고, 울기까지…….
할 수 있는 방법은 다 동원하여 너에게 귀한 한 입 한 입을 먹인다.
엄마의 처절한 몸짓에 아기는 마지못해 꾸역꾸역 받아먹는다.
먹기 싫은 걸 억지로 입에 넣고 삼키다 한계에 이르자
너는 그것을 다 토해 버린 것이다.

아기는 멍하니 꼼짝도 하지 않았다. 많이 놀란 거 같았다.
그 와중에도 엄마에게 혼나지 않을까 싶어 눈치를 살피는 모습이
따갑게 가슴으로 파고든다.

나는 아기를 안아 주었다.
"밥이 그렇게 먹기 싫었어요?"
"네."

아기는 기다렸다는 듯이 똑 부러지게 대답했다.
밥이 정말 먹기 싫었다는 걸, 그제야 알 것 같았다.
"그래, 그럼 그만 먹자. 억지로 먹여서 미안해."
그 미안한 마음을 달래려고 아기를 더욱 꼭 끌어안았다.
잠시 후 아기는 내 품에서 벗어나 나에게 허리 굽혀 인사를 한다.

너에게는 먹고 싶지 않은 건 먹지 않을 권리도 있음을,

나는 잊고 있었구나.

자기도 미안하다는 사과의 인사다.

아가, 너는 무엇이 미안한 거니.
먹기 싫은 걸 억지로 먹다가 토해서?

내가 만들었으니 너는 당연히 그것을 싹 비워야 한다는 생각은
엄마의 논리다.
하지만 너에게는 먹고 싶지 않은 건 먹지 않을 권리도 있음을,
나는 잊고 있었구나.

1장. 아이는 엄마를 너무 사랑해

초보 엄마는 하루에도 몇 번씩 자문했다.

"이렇게 하는 게 맞는 걸까?"
"잘하고 있는 걸까?"

쏟아지는 불안감을 떨치려는 듯
나는 엄마이고, 어른이니깐
너를 가르치고 최선의 길로
이끌어 줘야 한다고 생각했다.

네가 원한 것은 그게 아니었음에도.

엄마가 조금 서툴러도, 때로 실수하더라도
부디 이해해 줘.

널 어떻게 키워야 하는지
아무도 가르쳐 주지 않았는걸.

가르쳐야만
하는 줄 알았어,
하는 이유로

빵야 빵야!
아이의 '지금'에 집중하기로 하다

퍼즐을 샀다.
옆집 아기가 퍼즐 맞추는 걸 보고 당장.
개월 수는 우리 애보다 어린데 말도 잘하고
혼자서 퍼즐을 맞추는 모습에 적잖이 당황한 것이다.

남자아이는 좀 더 느리다는 말로 스스로를 위로해 보려 했지만,
한 번 요동친 내 마음은 쉽사리 가라앉지 않았다.
뭐라도 해야 할 거 같았다. 이대로 두는 건 아니라는 생각에,
바로 아이가 좋아할 만한 퍼즐을 사들였다.
그래도 널 생각해서 너의 사랑 공룡으로.

약간은 부푼 마음으로 제일 쉬운 단계를 펼쳐 놓고
아이와 마주 앉았다.
공룡 그림이라며 처음에는 좋아하더니,
몇 번 퍼즐 조각을 맞춰 보더니 이내 시들해졌다.
정확히 말해

이 조각들이 생각대로 제자리에 들어가는 것도 아니고,
제자리가 어딘지도 모르겠고.
아무리 이리 굴리고 저리 굴려도
온전한 그림이 나오지 않자 아이는 슬슬 짜증이 난 것이다.

나는 마음이 조급해졌다.
그리하여 아직 말도 안 트인 아기를 붙잡고
설명을 하기 시작했다.

"이 모양은 모서리에 각이 잡혀 있으니까 이쪽 모서리에 맞춰야지.
여기는 곡선이잖아? 그러니까 아래쪽으로 가야겠지? 이건 발이네?
발은 어디에 있어? 아래에 있지? 눈은? 눈 모양은 머리 있는 쪽으로
가야 하잖아."

네가 알아듣든 말든 주절주절 설명을 늘어놓으며
아이의 손을 억지로 붙잡고 퍼즐을 끼워 맞추느라 바빴다.
그야말로 아이 손을 조종하는 조종사 노릇을 하다
문득 아이를 바라보니,
아이의 시선은 이미 먼 곳으로 달아나 있었다.

이게 뭔가 싶어 한숨을 내쉬는 순간,
아이는 퍼즐 조각 하나를 붙잡았다.

네가 좋아하는 것, 잘할 수 있는 것, 그리고 너의 시선,
일단은 그것에 집중하기로 했다.

그리고 잠시 관찰을 하더니 이내 나를 향해 외쳤다.

"빵야 빵야!"

아이 눈에 그건 공룡 머리의 일부가 아니라 작은 권총이었다.
가만히 보니 내 눈에도 권총처럼 보였다.
아이는 블록을 총처럼 감싸 쥐고 사방을 향해 발사했다.

그 모습을 보고 있자니 헛웃음이 난다.
우리는 공룡 퍼즐은 집어치우고
각자 퍼즐 조각 하나씩을 집어 들어 열띤 총싸움을 벌였다.
"빵야 빵야!"
각자 퍼즐 총을 들고 온 집 안을 뛰어다니며
땀을 한바탕 쏟아 내고 나니 괜스레 뿌듯한 생각이 든다.
왠지 그럴듯한 엄마 노릇을 해준 거 같은 기분에…….

퍼즐 같은 거 아직 안 해도 되겠다는 생각이 들었다.
네가 좋아하는 것, 잘할 수 있는 것, 그리고 너의 시선,
일단은 그것에 집중하기로 했다.

나는 괜찮지 않아요
과잉보호와 쿨함 사이에서

무거운 블록 상자를 꺼내 달라는
아이의 말에 의욕이 앞서 "영차" 하고 상자를 꺼내는 중
그것이 하필이면 내 새끼발가락 위로 "쿵!" 하고 떨어졌다.
너무 아파서 비명은 물론이고 눈물까지 찔끔 나온다.
발가락을 꽉 움켜잡고 고개 숙여서 끙끙거리고 있는데,
아이가 옆에서 지나가는 말로 말한다.

"괜찮아, 괜찮아."

그러고는 태연하게 블록 상자를 연다.
그 말투와 표정, 행동이 서럽기도 하고
조금은 얄밉기도 해서 하소연하는 듯한 말투로 항변했다.

"괜찮지 않아. 많이 아파."

새끼발가락을 감싸 쥐고 있던 손을 살며시 떼어 보니

빨갛게 찍혀 있다.

이 정도 통증이면 피가 철철 나도 될 거 같은데

생각보다 상처가 너무 소소해서 잠시 실망스럽기는 했다.

그래도 곧 멍이 들 것 같은 상처다.

'설마 내일 아침 발톱이 빠지는 건 아니겠지.' 하는

근심까지 차오르는데

아이의 무심한 한마디가 다시 한 번 툭 건너온다.

"에이, 괜찮아."

마치 돌멩이 하나를 강가에 무의미하게 툭 던지듯이,

태연한 표정으로 아이는 말했다.

하지만 나는 '엄마가 이렇게 아픈데

너는 어떻게 그렇게 말할 수가 있는 거니!'라는 말로

따지지 못했다.

순간 얄밉게만 들리던 아이의 말이

한편으로는 무척 익숙하게 느껴졌기 때문이다.

아이가 걷거나 뛰다가 넘어지면

우리 부부는 아이를 일으켜 세워 주며 말했다.

"괜찮아. 괜찮아."

아이가 조금씩 잘 걷고 잘 뛰기 시작하고부터는

일으켜 세워 주는 것조차 하지 않았다.

그리고 먼발치에서 말했다.
"괜찮아. 우리 아기 씩씩하니까 툭툭 털고 일어날 수 있지?"
우리 부부의 목소리는 무척이나 태연했다.
마치 강가에다가 돌멩이 하나를 툭 던져 놓는 아이처럼.
가끔은 넘어진 아이의 모습을 보며 뒤에서 웃기도 했던 거 같다.
아이는 점점 넘어지거나 다칠 때마다 울면서 엄마를 찾기보다는
스스로 손을 털며 일어나는 일에 익숙해졌다.

아이가 놀다가 넘어지거나 다치는 일에
호들갑을 떨어서는 안 될 거 같았다.
그것이 아이를 더욱 울게 만드는 일인 거 같았고,
괜히 일을 더 크게 만드는 것 같았다.
그걸 다 떠나서 놀다가 넘어질 수도 있지
그 일로 과잉보호하는 것은
왠지 유난스러운 부모처럼 느껴졌다.
그러니까 특히 남들이 있는 곳이나 바깥일수록
우리는 더욱 쿨한 부모 행세를 했던 것이다.

하지만 정작 넘어진 아이가 받은 상처에 대해서는
생각하지 않으려 했던 거 같다.

걸음마도 잘하지 못하는 아이가 걷다가 넘어졌을 때
피가 나지 않더라도 그 상처나 통증이 얼마나 깊을지에 대해
생각하지 못했다.
넘어지고 다치면 우는 것이 당연한 걸,
가끔은 그것조차 귀찮게 생각했던 거 같다.

"괜찮아. 일어나."라고 말할 줄만 알았지,
"괜찮아? 많이 아프지?"라고 물어볼 줄은 몰랐다.
겉으로 상처가 나지 않아도 넘어지고 다친다는 그 자체가
이미 마음으로 상처를 입은 거나 마찬가진데,
그 마음을 달래 줄 여유조차 없었던 거 같다.

나는 어려서부터 다쳐도 피가 나지 않으면
울면 안 되는 거라고 반강제적으로 학습당해 왔다.
쓸데없이 운다고 혼이 났고,
피가 나지 않는데 울어도 혼이 났다.
통증이 속까지 욱신욱신 쑤셔도
피가 나지 않으면 눈물을 꾹 참아야 했다.
넘어진 것도 억울하고 속상한데
그 일로 혼을 내는 사람밖에 없으니 나는 무척 쓸쓸했다.
그리고 그런 기억들이 나도 모르게 아이에게
그대로 대물림되고 있었던가 하는 생각이 들었다.

나는 괜찮지 않아요.
그러니 나에게 괜찮음을 강요하지도 주입하지도 마세요.

내 새끼발가락은 야속하게도 부기가 금방 가라앉아

남편에게 다쳤다며 앓는 소리도 할 수 없게 만들었다.

내 이야기를 들은 남편도 발가락을 보고는,

"에이, 괜찮네, 뭘." 하고 만다.

하지만 발가락은 계속 욱신거리고 아팠다.

"나는 괜찮지 않아. 많이 아프고 속상해."

누군가 나에게 "괜찮니? 많이 아팠겠다."라고

말해 주길 기다렸으나, 끝까지 그런 사람은 나타나지 않았다.

그제야 아이의 목소리가 들리는 듯했다.

"나는 괜찮지 않아요.

그러니 나에게 괜찮음을 강요하지도 주입하지도 마세요."라고.

정복자의 시간
나만의 육아 소신을 지키는 방법

내가 세운 몇 개의 육아 소신이 있는데,
그중 하나는 아이와 신나게 놀아 줄 수 없을 때는
아이의 그 어떤 저지레도 눈감아 주자는 것이다.
주로 피곤하거나 해야 할 집안일이 많을 때의 경우다.

이를 잘 지키는 방법은 의외로 쉽다.
아이가 혼자 엄청난 저지레를 펼치려는 장면을 목격하는 순간
스스로에게 이 한마디를 던지는 것이다.

"그럼 내가 재밌게 놀아 주던가."

그러고 나면 스스로 기운이 빠져
그냥 아이의 말썽에도 눈감게 된다.
내 생각에 아마도 아이는 나의 이런 마음을 잘 알고 있는 것 같다.
그리고 요즘에는 이를 악용(?)하려는 모습이 다분하게 보이기도 한다.
이날도 그러했다.

＊

몸이 좋지 않았다.

며칠 전부터 무리했던 터라 피로가 쌓여 있었다.

이럴 때 무리를 하면 금방 몸살이 온다는 걸 알기에

아침부터 몸을 사리며 느긋하게 보내려 했다.

그러나 더 견디지 못하고 드러눕고 말았다.

그래도 기특한 내 새끼,

엄마가 아프다니 코 자라며 토닥여 주고는 어디론가 사라진다.

그리고 조용하다.

아이가 조용해지니 오던 잠도 확 달아난다.

불안한 마음으로 벌떡 일어나 너를 찾아 나섰다.

그리고 순식간에 주방을 점령한 너와 마주했을 때,

나도 모르게 비명부터 나왔다.

프라이팬에 소금 한 통을 다 쏟아붓고

거기에 온갖 양념들과 물까지 아낌없이 넣은 뒤

신나게 휘저으며 요리를 즐기는 너.

내가 놀란 얼굴로 다가가자 너는 잽싸게 다가와 나를 밀어낸다.

아프니까 빨리 가서 코 자라며 내 엉덩이를 떠미느라 야단이다.

이 상황을 어떻게 대처해야 하는지,

아픈 와중에 그 고민을 하자니 머리가 지끈거린다.
당장에 너를 의자에서 끌어 내려 한바탕 호통을 치고 싶은 마음이
차고 넘쳤으나 문득 떠오른 한마디가 나를 주춤하게 했다.

'그럼 네가 재밌게 놀아 주던가.'

그럴 자신이 전혀 없었던 나는 그저 조용하기로 했다.
다만 네 주변에 수건 몇 장을 도톰하게 깔았다.
바닥으로 물이 흐르지 않게 간단한 조치만 취한 뒤
뒤로 물러났다.

내가 물러나자 너는 더 집중을 하며 요리인지 뭔지에 빠져들었다.

온갖 양념들을 다 끄집어내 쏟아 내는 너는

나의 주방을 완벽하게 정복한 것처럼 보였다.

나와 함께 놀던 그 어떤 때보다 신나 보였다.

생각해 보면 금지된 것에 대한 유혹은 얼마나 달콤하던가.

어렸을 때 나는 엄마가 나를 두고 외출하는 것이

그렇게 신이 날 수가 없었다.

엄마가 외출을 하면 나는 그 순간만 기다렸다는 듯이

재빨리 엄마의 화장대를 점령했다.

파운데이션도 바르고 진분홍 립스틱도 바르고,

눈두덩에 파란 아이섀도를 바른 내 모습이

왜 그렇게 예뻐 보였는지.

나만의 세상에 빠져 시간 가는 줄 모르고 놀다가

엄마에게 현장을 걸리는 날도 많았다.

그래도 엄마에게 화장대 점령으로 크게 혼난 기억은 없는 걸 보니,

내 엄마 역시 금지된 유혹에 대해 어느 정도는 헤아려 주었던 거 같다.

금지된 유혹이 너에게도 크다는 걸 알고 있다.

그것이 무척이나 달콤하다는 것도.

가끔은 너에게도 이런 은밀한 즐거움을 만끽할 시간이 필요하겠지.

엄마가 몸이 좋지 않아 놀아 줄 수 없을 때만이라도.

'그래도 소금이 물에 녹는다는 것 정도는 배웠겠지.'
스스로에게 위안이 될 만한 생각을 애써 떠올리며
정복자가 떠난 후 남겨진 나의 주방을 닦고 정리한다.

무서운 엄마

아이와 나의 규칙과 약속들

식탁 위에 무심코 놓아둔 빵 봉지를 발견하고
너는 또 슬금슬금 다가간다.
그러고는 내 눈치를 살피며 손을 뻗어 빵을 잡는다.
비닐을 벗기기 위해 바스락 소리를 내는 와중에도
너는 곁눈질로 나를 본다.
내가 아무 말 없이 가만히 있는 것을 확인한 뒤에야
안심이 된 듯 온전히 비닐을 벗긴다.
그리고 신나게 먹는다.

나는 옆에서 너의 식사 준비를 하고 있었다.
식판에 반찬을 다 담고 이제 막 밥을 뜨려는 순간이었다.
지금 그 빵을 먹고 나면 분명 내가 준비한 밥은
먹지 않으리라는 걸 알면서도, 나는 너를 말리지 못했다.
빵 하나를 입에 넣기까지 엄마 눈치를 살피는
네 모습이 애잔했기 때문이다.
이렇게 어린 네가 어찌 엄마 눈치를 살피는 법을

완벽하리만치 습득했는지.
그걸 자연스럽게 터득시킨 사람이 나라고 생각하니
가슴이 아프다.

나는 주걱으로 뜬 밥을 다시 밥솥에 넣었다.
그리고 조용히 뚜껑을 닫았다.
빵 하나를 그리도 달게 먹는 네 모습을 아무 말 없이 지켜보았다.
헤헤거리며 먹는 네 모습이 참으로 곱고 짠하다.

밥 먹기 전에는 어떤 군것질도 하면 안 된다고
철저한 규칙을 세워 놓고,
너에게 그것을 설명해 가며 지금까지 잘 지켜 왔다.
나름대로 너를 잘 설득시켜 왔다고 생각했고,
잘 따라 주는 네가 기특하고 대견했다.

하지만 오늘 너를 보니,
너는 엄마의 말을 잘 알아듣고 이해하고 있었던 것이 아니라
엄마에게 혼나는 것이 싫어
그저 묵묵하게 따르고 있었던 것 같다는 생각이 든다.
달콤한 것을 먹고 싶은 유혹은 너무나 크지만,
무서운 엄마를 봐야 하는 괴로움이 그보다 더 컸을 테니까.
너는 마땅히 달콤한 유혹을 물리칠 수 있었던 것이다.

너와 나 사이에 세워 놓은 무수한 규칙과 약속들.

그걸 잘 지키고 따라와 주는 너를 보며

스스로 승리자의 기쁨을 맛보고 있었던 건 아닌지.

고집부리고 떼를 쓰는 너를 굴복시켰다는 성취감.

말 잘 듣고 착한 아이로 만들었다는 만족감.

그리고 스스로 멋진 엄마라는 자부심.

하지만 사실 나는 너에게 무서운 엄마일 뿐일지도 모른다고

생각하니 가슴이 철렁 내려앉는다.

너와 나의 규칙과 약속들은

어쩌면 단지 내 육아 스케줄을

좀 더 편안하게 하기 위한 것이 아니었나,

그 생각에 가슴이 또다시 철렁, 한다.

식사 시간에 식탁 위에 빵 봉지를 아무렇지도 않게 놔둔

엄마를 나무랄 무서운 훈육가는 왜 없는 걸까.

그럴 만한 이유

엄마는 아이에게, 아이는 엄마에게

그러니까,

내가 폭발할 수밖에 없는 이유들이 있었다.

하루에 한 번씩만 일어나도 그럭저럭 참을 만했는데,

그것들이 동시다발적으로 터지니 나 역시 한계에 이른 것.

간략하게 정리를 해보자면,

나는 오늘 정확히 너의 식사를 네 번 준비했어.

다 다른 메뉴로.

반찬 하나 안 겹치게.

하지만 너는 입에 들어온 밥을 계속 뱉어 버렸지.

실랑이에 지친 나는 널 의자에서 내려 줬고,

넌 쪼르르 안방으로 들어갔어.

급하게 정리하고 뒤쫓아 가니

너는 그사이 내 스킨 화장품 뚜껑을 열어서(그걸 돌려서 열 줄이야!)

바닥에 야무지게 다 쏟아 내 깔끔하게 빈 통으로 만들어 놓았지.

엄마도 처음이라서 그래

한 방울도 안 나오더라.

그다음에는 바닥에 홍수가 난 화장품 위로 다이빙을 하더니
자유영, 배영 자유자재로 헤엄을 치네.
옷은 다 젖고 바닥과 이불은 엉망이 되고.

근데 그 와중에 응가도 하셨어.
급하게 바지부터 벗겨 놓고 새 옷을 가지러 갔다 오니
그사이 기저귀 안에다가 손을 넣고 응가를 야무지게 퍼서
촉감 놀이를 하고 계시더라.

심지어 엄마를 보더니 먹어 보라고 손을 내밀어.
내 인상이 점점 구겨지자
너는 응가가 묻은 손으로 벽과 이불에 ✕칠을 하기 시작⋯⋯!

이 정도면 아무리 금쪽같은 내 새끼라고 해도
폭발할 만한 이유가 되지 않겠어?
나는 너를 죽도록 사랑하지만,
그렇다고 해서 너의 행동 모든 걸
다 이해할 수 있는 건 아니란다.

하지만 이상한 건 말이야.
잠든 너를 보니 새삼, 너에게도 그럴 만한 이유가 있었겠구나
싶은 생각이 든다는 거다.
문화 센터 가자고 해놓고 몸이 좋지 않다는 이유로 (사실은 귀찮기도 하고)
안 가서 화가 난 거 같기도 하고.
종일 잘 놀아 주지 않고 힘들다는 말만 반복하기도 했던 거 같아.

너를 이해하지 못하고 폭발하는 엄마가
너 역시 이해 안 되고 이상하겠지.
너를 큰사람으로 키우고 싶은 욕심은 많으나
사실은 나부터 큰 그릇이 되어야 할 노릇이구나.

서로의 '그럴 만한 이유'를 헤아리지 못한 채,
우리의 밤은 종료되었다.

그리고 그날,

엄마도 처음이라서 그래

야근하고 들어온 남편의 처진 두 팔에는
내가 좋아하는 야식이 들려 있었다.

떡볶이와 순대, 그리고 달달한 아이스 카페모카.
종일 힘들었다고 징징대던 마누라는 달콤한 야식에 굳게 입을 다물고
부지런히 배를 채워 나갔다.

이 남자, 마누라 다루는 솜씨가 보통이 아니다.
그러고 보니 당신의 야식 배달 역시 다 '그럴 만한 이유'가 있었구려.

2장. 가르쳐야만 하는 줄 알았어, 엄마라는 이유로

엄마 파워 충전
나를 버티게 해주는

너를 포대기로 업고 집을 나선다.

허리춤에 돌돌 감은 끈을 다시 한 번 단단하게 조여 매고,

감으로 발을 찔러 내 슬리퍼를 찾아 신은 뒤

힘차게 현관문을 열어 위풍당당한 발걸음을 내딛는다.

스르르 내려가려는 너를 다시 한 번 올려 매고,

손으로 네 엉덩이를 토닥이며,

심지어 입으로 중얼중얼 노래도 부르며,

따뜻한 볕을 쐬러 밖으로 나간다.

이렇게 동네 몇 바퀴 돌면 자겠지.

토닥토닥, 우리 아기 착한 아기,

잘도 잔다.

출입문 입구에 있는 거울 속에 너와 나의 모습이

우연히 들어온다.

내 모습을 거울로 비춰 보는 것이

참으로 오랜만이라는 걸 깨달았다.
너를 재우려는 순간에 우연히 눈에 들어온 내 모습은
참으로 초라했다.
지금 당장 자야 할 사람은 네가 아니라 나인 것 같았다.

하얗고 낡은 포대기에 애를 업은 내 모습이
문득 낯설게 느껴진다.
온몸을 조여 오는 듯한 포대기 끈에 아슬하게
너를 업고 있는 내 모습이 사뭇 애잔하다.
거울 속 내가 내 모습이 맞는지 믿기지 않을 정도로.

이런 내 모습은 상상해 본 적도 없었는데.
좀 더 도도하고 우아하게 살 줄 알았는데.
지금의 내가 다른 누군가에게 어떻게 비춰질지,
새삼 그 생각에 어깨가 움츠러드는 것 같다.

지금 나에게는 원 없이 잠을 자 얼굴 가득 뒤덮은
다크서클을 제거하는 일이 가장 시급해 보이지만,
나는 다시 너의 엉덩이를 토닥이며 바깥으로 나선다.

동네를 조금 걷다 보니 너는 어느덧 잠이 들어
내 등에 얼굴을 묻는다.

작은 한숨 내쉬고 다시 집으로 돌아오는 길,
조금 전에 나를 붙잡았던 거울이 또다시 나를 붙잡는다.

작고 여윈 등판에 보드라운 얼굴을 묻은 너.
입은 헤- 벌어지고 그 작은 입에서 침이 흘러
내 옷을 적셔 놓았다.
그래도 엄마라고, 작은 등판에 꼭 붙어 편안하게 잠든 너를 보니
그저 마음이 좋다.
꼭 움켜쥔 너의 하얗고 통통한 손을 만지고 싶은 충동이 밀려온다.

예쁘고 고운 내 새끼,
그저 그거면 될 거 같은 생각에 안도감이 든다.

나는 오늘도 이렇게
너에게 힘을 얻는다.
나를 버티게 해주는 엄마 파워를.

엄마도 처음이라서 그래

예쁘고 고운 내 새끼,

그저 그거면 될 거 같은 생각에 안도감이 든다.

느릿한 동행
아이의 뒤에서 걷는 이유

너는 참 할 일이 많다.

한 5분 거리를 걸어가면서도 왜 그렇게 바쁜지.

흙바닥의 개미도 봐야 하고 나무도 만져 봐야 하고

때마침 하늘을 날아가는 새도 봐야 하고

지나가는 사람마다 한 번씩 훑어보며 중얼중얼 참견도 해야 하고

또래 친구들을 만나기라도 하면 멀어지는 뒷모습까지

눈에 담아야 하니 너와의 동행은 참으로 멀고 어렵다.

한 걸음 가고 멈추고,

또 한 걸음 가고 멈추는 내 발걸음이 답답하다.

너의 손을 잡고 걷기라도 한다면 조금 빠르게 잡아끌 수 있겠지만

너는 손잡는 것도 허락하지 않으니

나는 그저 한 발짝 떨어진 곳에서 너를 뒤따른다.

한숨을 푹푹 내쉬며 너의 뒷모습을 쫓는 길은

참으로 느리고 또 느리다.

너는 세상의 모든 것들을
단 하나라도 놓치지 않으려고 하는 것 같다.
집 밖을 나서면 왜 그렇게 신기한 것투성이인지.
이것도 궁금하고 저것도 궁금하고,
이것도 알고 싶고 저것도 알고 싶고.
세상 온갖 일에 참견하고 질문을 하고
하나하나 손으로 만지고 살펴보고 냄새를 맡으며
너는 세상의 모든 것들을 알아 가고 받아들인다.

세상이 궁금해서 견딜 수 없는 아이.

참으로 느리고 느린 너와의 동행.
호기심이 폭발하는 너를 위해
내가 할 수 있는 일은 무얼까 생각하니
그저 너와 함께 걷는 일이더구나.

느릿한 너의 시선에 맞추어 느리게 세상을 바라보고
네가 주저앉아 땅을 보면 나도 같이 주저앉아 같은 곳을 바라보고
하늘을 날아가는 새를 발견하여 가리키면
옆에서 함께 인사하며
느릿한 걸음을 함께해 주는 것.

그것이 느린 너를 위해 내가 할 수 있는 일이다.
때로는 많은 설명을 하지 않아도,
그저 너와 같은 곳을 보며 함께 걷는다는 것만으로도
너에게는 든든한 선물이 되겠지.
너와 느릿한 동행을 하다 보니
내게도 세상은 색다른 곳으로 다가온다.

한 발자국 앞서서 허리에 손 얹은 채
빨리 오라고 재촉하는 엄마가 될까 싶어,
차라리 그저 너의 뒤에서 걸으려 한다.
아장아장 작은 발걸음으로 세상을 구석구석 탐색해 나가는

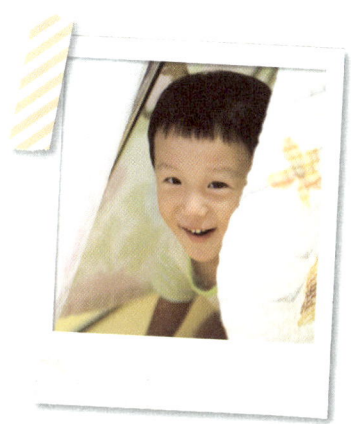

너의 뒷모습을 보니

답답하다며 한숨 내쉬던 내가 부끄러워진다.

선택의 기로 1
물티슈 실종 사건

택배가 도착하면 늘 네가 일등으로 달려 나가 받으니까,
이날도 그냥 그러려니 했어.
너와 나의 삶에서 절대 빠질 수 없는
일등 필수품 물티슈가 도착했고,
너는 평소처럼 박스 위에 올라가 테이프를 뜯으라고 성화였지.
일단 시끄러운 상황을 정리해야 하니까
나는 시원하게 박스를 열어 주었어.
너는 환호성을 지르며 물티슈를 탐닉하기 시작했다.

매일 보고 또 보는 물티슈건만 뭐가 그리도 좋은지.
심지어 늘 쓰던 거랑 같은 브랜드라 어제도 그제도 보던 건데
새롭게 배달되어 온 것들은 유난히 더 반가운 건지.
그 모습이 우습고 귀여워 실소가 나오면서도
이해가 안 되는 건 어쩔 수 없는 일.

네가 잠시 새로운 친구들에 빠져 있는 동안

나는 이때다 싶어 부리나케 설거지를 하기 시작했어.

네가 뭐라도 집중하고 있는 시간이

나에게는 집안일을 할 수 있는 절호의 기회니까.

하지만 뭔가에 집중하며 놀더라도

어느 정도는 인기척이나 신호를 보내면서 놀아야 해.

숨소리도 들리지 않을 정도로

고요하게 빠져 있으면 안 되는 거야.

왜냐하면 그때부터 내 마음이 불안해지기 시작하거든.

아기들은 조용하면 사고 치는 거라는 말을 만들어 낸 사람은

정말 천재인 거 같아.

그 말은 사실이고 진리야.

설거지를 하는 중간에 고무장갑을 벗는 일은 거의 없지만

오늘은 어쩔 수가 없었어.

너는 너무 고요했고,

아무리 불러도 콧소리 한 번 내지 않았기 때문이야.

물 묻은 고무장갑을 벗는 일이 얼마나 귀찮은지

너는 잘 모르겠지.

그래도 벗을 수밖에 없을 정도로 내 마음은 다급해지기 시작했어.

내가 도착했을 때 날 반겨 준 건 빈 물티슈 봉지뿐이었어.

2장. 가르쳐야만 하는 줄 알았어, 엄마라는 이유로

이건 방금 전에 새 박스에서 나온 건데

이런 모습으로 있으면 안 되는 거잖아.

한 발짝 떨어진 곳에는 해맑게 웃고 있는 네가 있다.

머리가 지끈거리고 속에서 욱하고 올라올 거 같은 그 순간,

의문이 들기 시작했어.

도대체 봉지 안에 꽉 차 있던 물티슈들은 다 어디로 간 거지?

나는 정신없이 좁은 집구석을 샅샅이 뒤졌지만

80매나 들어 있던 물티슈는 행방불명이 되고 말았지.

그러니 나는 화가 나기보다

어이가 없어 멍할 수밖에 없었던 거야.

꼭 뭐에 홀린 것처럼 말이야.

그리고 설거지를 마치고 저녁 준비를 할 때가 되어서야

물티슈의 행방을 알게 되었다.

쓰레기통 안에 야무지게 꽉꽉 들어차 있는 하얀 물티슈들.

굳이 세어 보지 않아도 총 80매라는 걸 알 수 있었어.

그것들은 유난히 백옥처럼 뽀얗게 빛나는 것 같았지.

쓰레기통 안에 가득 찬 물티슈를 바라보며

나는 잠시 고민에 빠졌어.

○ ◐ ₒ

지금 이 쓰레기통을 네 앞으로 가지고 가서
죄를 묻고 혼을 낼 것인가,
아니면 아무것도 못 본 것처럼 조용히 뚜껑을 닫을 것인가.

지금 이 쓰레기통을 네 앞으로 가지고 가서
죄를 묻고 혼을 낼 것인가,
아니면 아무것도 못 본 것처럼 조용히 뚜껑을 닫을 것인가.
쓰레기통 뚜껑을 그렇게 오래 붙잡고 있었던 건
처음이었던 거 같아.
쉽게 결정할 수 없는 시간이 흐르고 또 흘렀지.
그야말로 나는 선택의 기로에 선 거야.

나는 조용히 뚜껑을 닫고 돌아서기로 했다.
왜냐하면 위쪽에 있는 물티슈 몇 개에
시커먼 먼지들이 묻은 걸 발견했거든.
그건 묵은 때를 깨끗이 닦아 낸 흔적이었어.
80매의 새 물티슈는 그렇게 너의 손으로
무언가를 닦아 내는 데 전부 다 사용되었던 거야.

너는 나름대로 청소라는 이름으로 무언가를 닦아 낸 거고,
그걸 하는 데 물티슈 80매 한 통이 전부 다 필요했던 거야.
그걸 보니 너를 굳이 혼낼 이유가 없다고 생각했어.
물티슈 한 통을 다 써야 할 정도로 집 안을 지저분하게 놔둔 건
내 잘못이니까. 휴…….

엄마도 처음이라서 그래

하지만 그렇다고,

옆에서 그렇게 미치도록 해맑게 웃고 있을 필요까지는 없잖니.

선택의 기로 2
엄마의 버럭과 기다림은 종이 한 장 차이

너는 그렇게 가루를 좋아해.

만지고 뿌리고 주무르고 담고 다시 뿌리고.

집중하며 가루를 가지고 노는 걸 보면 귀엽기도 하고,

그만큼 너의 창의력도 쑥쑥 자라는 거 같아 흐뭇하기도 해.

무엇보다 내가 꽤 좋은 엄마가 된 듯한 기분에 뿌듯해지지.

그래서 나도 너와 함께 가루 놀이를 즐기려고 노력한다.

자주는 아니어도 가끔은.

하지만 그건 비닐 매트 안에서만 놀아야 한다는 공식을

지켰을 때 가능한 얘기야.

매트 밖으로는 너도 나오면 안 되고

네 몸에 묻은 가루 한 개도 나와서는 안 되는 거야.

물론 네가 놀 때마다 "밖에 흘리지 마라. 조심히 해라." 등등의

잔소리를 하는 건 아니지만

행여나 가루들이 매트 밖으로 무참하게 뿌려질까 봐

너 몰래 조심하는 건 사실이지.

그런 상황에서 맨바닥에 가루를 와르르 쏟아 놓은 널 보면
기분이 어떻겠니?
콩가루는 또 어떻게 찾아낸 거야?
내가 설거지를 하는 시간만 되면 너는 작정하고 사고 칠 거리들을
찾아내는 거 같아.

당황스러움에 말문이 막혀 있는 사이
너는 방에서 장난감 굴착기를 가지고 나왔다.
그리고 차에 올라타
바닥에 흩어진 가루들을 짓밟기 시작했어.

나는 또다시 선택의 기로에 섰다.
당장 우렁찬 고함 소리와 함께 너를 들어
욕실로 직행해 가루들을 샤워기로 싹 씻겨 낼지,
아니면 이왕 이렇게 된 거 그냥 좀 더 두고 볼지.
머릿속에서는 많은 생각들이 흘러갔어.
그래도 다행인 건 순식간에 차오르던 분노를
용하게도 참았다는 것.

너를 보며 잠시 고민에 빠졌던 나는 마침내 결단을 내렸어.
너에게 콩가루 한 봉지를 더 내주기로 한 거야.

2장. 가르쳐야만 하는 줄 알았어, 엄마라는 이유로

○ ○ ○

사고뭉치 아이는 그 순간 가장 똑똑한 영재로 변신을 했다.
엄마의 '버럭'과 '기다림'은 다르지만 또 같다. 종이 한 장 차이다.
하지만 그 작은 차이에 아이는 다른 모습으로 자란다.

왜냐하면 너의 굴착기 조종 실력이
꽤 수준급이라는 걸 발견했기 때문이다.
굴착기로 능숙하게 가루를 떠서 옆으로 옮기더니
나중에는 작은 플라스틱 용기 안에 가루를 옮기기까지 했지.

그걸 보고 있자니 처음에 욱하던 마음은 어느새 사라지고
놀라움과 감탄의 마음으로 너를 바라보게 되었어.
급기야 박수를 치며 너를 응원까지 하게 되었지.
이렇게 굴착기 운전을 잘하는데
가루가 너무 부족한 거 같은 생각이 들자
너에게 한 봉지를 더 내주기로 한 거야.

너는 눈을 동그랗게 뜨며 '정말 이래도 되느냐?'라는 눈빛으로
나를 바라보았어.
내가 고개를 끄덕이자 너는 곧바로 가위로 봉투를 열었고
주저 없이 바닥에 가루를 뿌리기 시작했다.

더욱 풍성해진 가루 위를 굴착기로 신나게 오가며
너는 멋지게 조종을 한다.

똑똑한 내 아기, 가르쳐 주지 않아도
이런 건 어떻게 그렇게 잘하는 거야.

사고뭉치 아이는 그 순간 가장 똑똑한 영재로 변신을 했다.

엄마의 '버럭'과 '기다림'은 다르지만 또 같다. 종이 한 장 차이다.

하지만 그 작은 차이에 아이는 다른 모습으로 자란다.

엄마이기에
때로는 단호하게, 진짜 어른처럼

"애를 둘씩이나 키웠으면서 왜 이걸 몰라?"

나는 엄마에게 종종 따지듯 묻는다.
답답하고 화나는 마음에 물어봤자 달라지는 건 없다.
엄마나 나나, 서로 얼굴 마주 보며 답답한 표정만 지을 뿐.
내 엄마는 자식을 둘이나 길렀지만
너를 기르는 건 처음이기 때문이다.

너는 철저하게 너만의 방식으로 떼를 쓰고 고집을 부린다.
너만의 식습관으로 밥을 먹으며 너만의 성격으로 놀이를 하고
사람들을 대한다.

이 세상에 그 누구도 너를 길러 본 적이 없으므로,
나는 그 누구에게도 너에 대한 조언을 구할 곳이 없다.
그래도 내가 엄마고 어른인데
갈팡질팡 쩔쩔매는 모습을 보이는 건 싫었다.

때로는 단호하게, 그리고 진짜 어른처럼,
너를 가르치고 길러야 한다고 생각했다.
하지만 넘고 또 넘어도 끝이 없는 육아의 산 앞에
나는 수도 없이 꺾이고 사방팔방으로 휘청댔다.

그러다 문득 '내가 너를 가르쳐야 한다.'라는 생각부터가
잘못된 것이 아닐까 하는 생각이 들었다.
아는 것도 없고 가르치는 방법도 모르는 내가
누구에게 뭘 가르치겠다는 건지.
내가 너를 낳았다는 이유로
네가 나에게 굴복하고 복종하기를 바랐던 건지.
수많은 육아 전문가들의 이야기를 찾아다니고 귀담아들으면서,
정작 너의 이야기는 왜 들으려고 하지 않았는지.
단지 아직 말을 잘 못한다는 이유로 들으려는 노력 자체가
귀찮았던 건 아닌지.

너는 분명 나에게 무슨 말을 하고 있다.
그걸 알면서도 일부러 시선을 피하고
인터넷 육아 정보와 서적들을 뒤적이며 답을 구한다.
하지만 그 어디에도 '너를 위한 육아법'은 없구나.

다시 처음으로 돌아가야겠다는 생각이 들었다.

아무것도 모르던 초보 엄마 시절로,
'우리 아기가 왜 그럴까?'
수도 없이 고민하고 질문하던 그때로…….

*

울지 마라, 아가.
우리 다시 천천히 이야기를 나누어 보자.

2장. 가르쳐야만 하는 줄 알았어, 엄마라는 이유로

면역력
울지 않는 아이

하루에도 너는 수도 없이 운다.

주로 네가 요구할 것이 생길 때 울고,

그것이 엄마에게 받아들여지지 않을 때 운다, 더 큰 소리로.

결국 너는 엄마의 화난 목소리를 사고, 가장 큰 울음을 터뜨린다.

단순한 욕구에서 시작된 칭얼거림은

상처 입은 마음에 아픈 울음으로 변한다.

점점 짙어지는 너의 울음소리를 듣고 있자니

나 역시 마음에 상처가 생기는 거 같다.

아프고 따가워서 그 울음을 그치게 하고 싶은 마음에

결국은 더욱 모진 말을 하고 만다.

그런데 네가 어느 날부터 잘 울지 않는다.

한마디만 해도 울음을 터뜨리던 네가

이제는 고개를 돌리고 못 들은 척하거나

능청스럽게 혼잣말을 하기도 한다.

엄마도 처음이라서 그래

이제는 엄마를 찾지도 않고
자기 방에 들어가 혼자 놀이를 하는 여유까지 보여 준다.
혹은 엄마보다 더 큰 고함을 치며 반발을 한다.

엄마의 매서운 소리에 면역이 생긴 모양이다.
그러니 (이에 질세라) 더 모진 말로 너를 울릴 궁리를 하는 나.
엄마의 새로운 자극과 상처에 너는 결국 울음을 터뜨린다.

너를 올바른 사람으로 훈육했다는 생각과
너를 굴복시켰다는 생각에,
나는 드디어 만.족.하는가.

2장. 가르쳐야만 하는 줄 알았어, 엄마라는 이유로

우는 너를 뒤로하니 날카로운 울음이 나를 갈가리 찢는다.
결국 내가 만든 칼날이 우리 모두에게 생채기를 내는구나.

더욱 단단해진 너의 심장이
오늘따라 몹시 아프다.

너의 울음에 나도 점점 면역이 생기려는 것 같아
그것이 더욱 힘들다.

좋아하는 것과 좋아했으면 하는 것
아이의 자격

네가 말이 트이고 '엄마, 아빠' 다음으로 처음 한 말은
놀랍게도 '쩻쩻이'였다.
그 어떤 말보다 쩻쩻이를 빨리 말할 정도로
너는 새와 가까워지고 싶은 열망이 가득했던 모양이다.
지금도 너는 늘 쩻쩻이만 찾을 정도로 새를 좋아하니,
아들 바보인 엄마는 네가 마치 새 박사님이라도 된 것처럼
착각을 한다.

우리는 주말이면 주로 새를 보러 다닌다.
가까운 바닷가로 갈매기를 보러 가거나,
동물원에 가서 새장만 집중 공략하기도 한다.
너에게 다양하고 많은 걸 보여 주고 싶은
내 욕심과는 다르게 너는 유독 새에만 집착을 한다.
나들이가 어려운 날에는 너와 함께 새가 가득한 책들을
보고 또 본다.

나는 점점 네가 좋아하는 새 관련 책들을 구입하게 되었다.

너와 함께 보다 보니 나 역시 새에 관심이 가기 시작했다.

비슷한 듯 다른 여러 가지 새들을 흥미롭게 보는 사이

지겹다는 생각도 슬슬 멀어지고 있었다.

그와 함께 나의 걱정도 슬금슬금 물러나고 있었다.

알아야 할 것도 많고,

배워야 할 것도 많고,

좋아해야 할 것도 많은 세상에

유독 새에만 푹 빠져 있는 아이를 보며

걱정이 안 되다면 그거 거짓말.

하지만 그 걱정과 불안감은 온전히 나만의 것이라는 걸 잘 안다.

좋아하는 것에 푹 빠져 살기란 참으로 힘든 일이다.

그리 길지 않은 인생이지만, 그래도 살아 보니 그랬다.

그러므로 당분간은 내 마음을 내려놓고

너와 함께 충분히 새에 빠져 있기로 했다.

네가 또 다른 것에 관심을 보인다면 나는 너와 함께

그것에 또다시 푹 빠질 생각이다.

좋아하는 것이 있고, 그것을 마음껏 즐길 수 있는 것만으로도

축복이므로.

너는 그것을 누릴 자격이 충분하다.

좋아하는 것이 있고,
그것을 마음껏 즐길 수 있는 것만으로도 축복이므로
너는 그것을 누릴 자격이 충분하다.

그리고 조금은 네가 부러웠다.

내가 그토록 좋아하고 푹 빠지고 싶은 게 무엇인지,

너로 인해 다시 찾아보고 싶어졌다.

남의 자식 키우듯이
여유롭고 느긋하게

남의 집 아기가 우는 걸 보면 그렇게 마음이 아리다.

웬만하면 좀 안아 주지, 사 달라는 것 좀 사주지, 해 달라는 것 좀 들어주지.

괜스레 아기 옆에 있는 부모에게 씁쓸한 눈빛을 날린다.

'해도 해도 너무하네.'

전후 사정도 모르면서 내 멋대로 그들을 모진 부모로 만들기도 한다.

나야말로 해도 해도 너무한 사람.

기분 좋게 부모와 외출을 해서

얼굴이 벌게지도록 서럽게 우는 아기도 안타깝지만,

사실은 어쩔 줄 몰라 한숨 내쉬며 진땀을 빼는

그 부모들도 안타깝기는 마찬가지.

같이 아이 키우는 사람 입장에서 그걸 왜 모르겠냐만,

어쩐지 나는 자꾸 그 부모에게

조금은 원망 섞인 눈초리를 보내게 된다.

차라리 내가 다가가 달콤한 사탕 하나 쥐여 주며

아이를 달래 주고 싶은

말도 안 되는 오지랖까지 발동하려 드니 문제는 문제다.

내 아이도 밖에 나가서 떼쓰며 우는 걸로 치면
절대 남에게 지지 않는다.
나 역시 발을 동동 구르며 진땀을 빼고
얼굴 벌게지도록 우는 아이와 전쟁 아닌 전쟁을 치른다.
그때마다 밖에서 우는 널 당장 진정시켜야 한다는 생각과
주변 사람들의 시선,
눈물 콧물 다 빼며 우는 너에 대한 안타까움,
그럼에도 불구하고 떼쓰는 버릇에 휘둘리면 안 된다는
생각들이 서로 충돌한다.

그러는 사이 너는 더 큰 울음으로
사람들의 시선을 차곡차곡 모은다.
"다시는 너랑 밖에 안 나올 거야!"
마침내 이런 말까지 꺼내 들 지경에 이르지만
이래 놓고 또다시 너를 업고 밖으로 놀러 나오리라는 걸
너도 잘 알고 있는 것 같다.

내 엄마는 손주가 울면 가방에서 사탕부터 꺼낸다.
"아이고, 우리 아기 울지 마라. 할머니가 사탕 줄게, 울지 마라."
아기가 우는 이유는 다른 것이었지만

생각지도 못한 사탕을 받아 들며 이전의 감정은 마땅히 억누른다.

순식간에 아기를 달래는 친정 엄마의 기술을 보며
나는 또 속이 탄다.
"사탕은 안 된다니까."
딸내미한테 잔소리를 들은 외할머니는 머쓱한 표정에
"아이고, 우리 아기."를 반복하고,
엄마의 화내는 모습에 주눅이 든 아기는 눈치를 살피며
사탕 넣은 입을 꼭 다물고 열심히 쪽쪽 빨아 댄다.
행여나 엄마에게 사탕을 빼앗길까 싶어서.

남의 집 자식 우는 모습에는 그렇게 마음이 약해지면서
내 자식 우는 모습에는 더 독해지는 마음이란…….
때로는 남의 자식 키우듯이 여유롭고 느긋한 시선으로
내 자식을 바라봐 주는 것도 좋으련만.

"네가 자야 엄마도 좀 쉴 거 아냐!"

잠투정 부리는 너와 기나긴 전쟁을 치르다
무심코 튀어나온 한마디.

세상에서 가장 좋은 엄마가 되겠다는
큰 꿈을 품고 너를 낳았으나,

막상 육아 전쟁에 뛰어든 지금
네게 어떤 엄마인지 두려워진다.

"좋은 엄마가 되게 해주세요."
매일 잠든 너를 보며 기도하지만,

나만의 육아를 터득해 가는 속도는
더디기만 하다.

"해도 해도 늘지 않는 육아에
한없이 작아지던 순간들의 깨달음"

유난히
너와의 하루가
힘든 날이
있어

한 번도 해본 적 없는 말

기다림에 익숙해진 아이에게

사실은 너에게 기다림을 가르쳐 줄 필요도 있다고 생각했어.
그래서 일부러 급한 척한 적도 있었어.
정말 급한 게 아니었는데 말이야.
조금 귀찮았던 이유도 있었지.
바쁜 척하며 미루고 모른 척하면 너도 포기하지 않을까 싶어서.
"잠깐만, 기다려, 조금 이따가, 지금 바빠."
나는 늘 이런 말로 너를 순위에서 미루었다.

"엄마 지금 뭐 하잖아, 조금만 기다려 봐."

그러든 말든 엄마 다리를 붙잡고 나를 빨리 보라고 보채던 너는,
어느덧 엄마가 하던 걸 다 끝내고 자기의 요구를 들어줄 때까지
기다리는 법을 배우게 되었다.

너는 이제 기다려.
조금 이따가 엄마가 너를 봐줄 때까지 기다릴 줄 알게 된 거야.

"착하다, 우리 아기 정말 착하구나."

너는 엄마가 바라던 착한 아이가 되었어.
나는 널 착한 아이로 키웠다는 뿌듯함을 느끼기도 했지.
그런데 말이야, 너도 나처럼 뿌듯하니?

나를 기다리는 동안 너는 무슨 생각을 할까.
엄마는 늘 다른 일을 하고 있고,
너는 그 일이 다 끝날 때까지 기다린다.

그 어떤 방법으로도 엄마가 하던 일을 바로 멈추고
너를 보게 만들 수가 없었어.
그러다 너는 엄마가 즉각 너에게 반응하게 만드는
너만의 방법을 생각해 낸 거야.
소리를 지르거나, 물건을 집어 던지거나, 무언가를 발로 차거나…….
이렇게 과격한 행동을 하면 엄마는 하던 일을
바로 멈추고 너를 보지,
그리고 너에게 온다.

너는 어쩌면 단지 그걸 바랐을지도 몰라.
그 이후에 엄마가 무슨 말을 하든, 어떻게 대하든.
일단은 엄마가 하던 일을 멈추고 너를 바라보는 것,

3장. 유난히 너와의 하루가 힘든 날이 있어

나를 기다리는 동안 너는 무슨 생각을 할까.
엄마는 늘 다른 일을 하고 있고,
너는 그 일이 다 끝날 때까지 기다린다.

너에게 다가와 정면으로 바라봐 주는 것.

네가 엄마에게서 영순위가 되는 방법은 그런 거였던 거야.

그런데 너는 요즘 그마저도 하지 않아.

혹시 착한 아이라는 이름으로 너는 나를 포기한 건 아닌지.

그런 생각이 들자 겁이 덜컥 났다.

"네가 우선이야."

생각해 보니 나는 너에게 이런 말을 한 적이 없었다.

너의 요구에 하던 일을 즉각 멈추고 반응하기보다는

바쁘다는 이유로 기다림을 강요했지.

사실 그렇게 바쁜 일도 없었는데,

너를 기다리게 할 일 따위 별로 없었는데…….

오늘은 사실,

설거지하는 도중에 젖은 고무장갑을 벗기가 귀찮았을 뿐이야.

이유는 단지 그거였어.

왜 하필이면 설거지하는 중간에 무언가를 달라고 그러는지

이해할 수 없었고 이해하기도 싫었으니까.

하지만 너는 언제든 네가 원하는 걸 표현할 수 있는

자유 의지가 있는 사람이고,

네 옆에는 오직 나뿐이라는 사실을 나는 잊고 있었던 거다.

나에게 네가 전부이듯, 너에게도 내가 전부니까.

그깟 설거지쯤이야. 너에게 비할 게 전혀 아니었는데…….

"나에게는 네가 우선이야."

지금이라도 계속 말해 주면 너는 알까.

홍보지 마세요

이상과 현실 육아의 괴리

너를 배 속에 품었을 때,

내 안에는 야심 찬 꿈이 가득했다.

그 누구보다 좋은 엄마가 되어 너를 훌륭한 사람으로 키워 내리라.

굳게 다짐하고 또 다짐했다.

집에 있을 때면 태교를 위해 부단히 책을 읽었다.

분야도 가리지 않았다.

태교 서적부터 그림책, 소설, 육아 서적까지

너의 학식을 위해 인문학이나 역사책도 빼놓지 않았다.

눈뜬 순간부터 자기 전까지 클래식을 들었으며

그 외에 잡다한(?) 소리에는 귀를 열지도 않았다.

너를 사랑스럽게 쓰다듬으며 쉬지 않고 대화를 건넸다.

수다스러운 엄마가 똑똑한 아이를 만든다기에…….

이 정도면 좋은 엄마가 될 자질이 충분하다 생각했다.

나는 그저 너와의 시간을 때우기 급급한 엄마가

되어 가고 있을 뿐이었다.

네가 훌륭한 사람이 되는 건 시간문제라고 생각했다.

감히, 말이다.

요즘 나는 하루를 '때우는' 기분이다.

결혼 전 회사 생활을 할 때는 출근과 동시에 퇴근 시간을 기다렸고,

엄마가 된 후에는 아기가 깨어난 순간과 동시에

아기의 자는 시간을 기다린다.

그 사이의 일과는 어느 순간 나에게 '때우는' 것이 된 것이다.

이 긴 시간을 오늘은 또 무얼 하며 때우나…….

세상에서 가장 좋은 엄마가 되겠다는 큰 꿈을 품고 너를 낳았으나,

막상 육아 전쟁에 뛰어드니 내 의지대로 되는 게 별로 없었다.

나는 그저 너와의 시간을 때우기 급급한 엄마가 되어 가고 있을 뿐.

식당에서 어린 아기에게 스마트폰을 보여 주고,

떼쓰는 아기에게 과자나 아이스크림을 서슴없이 건네주고,

울며 소리 지르는 아기에게 덩달아 소리 지르는 엄마들을 보며

속으로 흉도 많이 보았다.

애를 왜 저렇게 키울까…….

그게 지금의 내 모습이 될 줄은, 당시에는 상상도 못했으니까.

곧 아기를 낳게 될, 하지만 아직은 경험해 본 적 없는

3장. 유난히 너와의 하루가 힘든 날이 있어

어느 누군가는 나를 보며 흉을 보겠지.

애를 왜 저렇게 키우지?

내가 그랬던 것처럼.

그러니까 겪어 보지 않고서는 모르는 일.

겪어 보지 않은 그대여, 부디 나를 흉보지 말아 주세요.

초보 엄마의 어록 베스트 5
너도 자라고 엄마도 자란다

"어머, 애 움직이."

출산 후 너를 처음 만났을 때 내가 처음으로 했던 말이었다.
네가 내 눈앞에 있는데도 너의 존재가 실감 나지 않았다.
네가 열 달 동안 내 배 속에 있던 아기라는 사실이
믿기지 않았다.
너무도 작은 생명체가 눈앞에서 꼬물거리는 것 자체가
신기하고 이상했다.

"우리, 집에 같이 가는 거야?"

병원에서 나오던 날 나는
너를 속싸개와 겉싸개로 정성껏 감싸고 있는 친정 엄마에게 물었다.
엄마의 정성스럽고 조심스러운 손길을 숨 막히게 쳐다보다가
나도 모르게 불쑥 튀어나온 말이다.
"그럼 같이 가지. 놔두고 가냐?"라며 어이없는 목소리로

되물어 오는 엄마의 말에
나는 가만히 고개를 끄덕이며 "아, 그렇구나." 했다.

"이제 우리랑 같이 살아? 평생?"

집에 가는 차 안에서도 나는 너를 안지 못했다.
겨울이었고, 겉싸개 안에 꽁꽁 싸여 있는데도
너는 몹시 불안해 보였다.
난 왜지 모르게 겁이 나 한 걸음 떨어져 있었고
내 엄마는 너를 품에 꼭 안고 차에 올랐다.
옆집 구경을 하듯 고개를 쭉 빼고 너를 바라보며 나는 물었다.
앞으로 평생 내가 끼고 키워야 할 자식이라는 사실이,
그때까지도 실감이 나지 않았다.

"엄마, 애 울어!!"

너를 낳고도 나는 계속 내 엄마의 보살핌을 받았다.
네가 울면 내 엄마부터 찾았다.
밤새 잠을 안 자고 네가 울면 나도 같이 울며 엄마를 찾았다.
"엄마, 아기가 자꾸 울어. 나 어떻게 해……" 하며 울고 또 울었다.
애 엄마가 돼서 칠칠치 못하다고 혼을 내면서도
내 엄마는 너를 또다시 정성스럽게 품에 안았다.

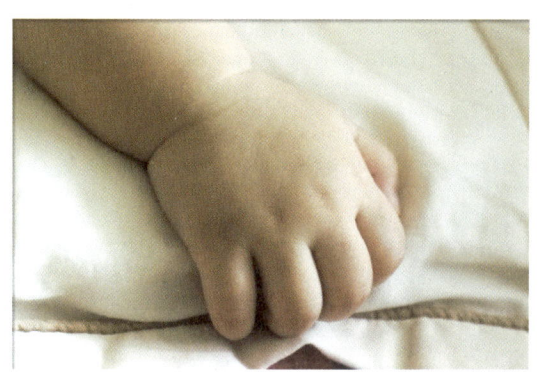

가끔은 네가 자라는 속도를 내가 따라가지 못할 만큼
너는 빨리 자라고, 나는 더디게 큰다.

그리고 엄마는 너를 재웠다.

그 옆에서 나 역시 잠을 잤다.

내 엄마는 너와 나, 우리 둘 다 단번에 재우는 재주가 있었다.

"나 힘들어……."

너는 쑥쑥 자라지만 나는 여전히 초보 딱지를 떼지 못했고,

여전히 갈팡질팡 난리 법석이다.

그리고 여전히 내 엄마를 찾으며 운다.

"나 힘들어. 이것 좀 해봐. 어떻게 해……."

여전히 초보 엄마 어록은 끝도 없이 쏟아진다.

너도 자라고 나도 자란다.

가끔은 네가 자라는 속도를 내가 따라가지 못할 만큼

너는 빨리 자라고, 나는 더디게 큰다.

'때'가 쏟아진다

남들의 육아

육아는 대체적으로 힘들거나 혹은 완벽하게 힘들지만,
특히 나를 무척 고되게 하는 것은
수없이 쏟아지는 '때'에 관한 것들이었다.

솜털같이 작은 너를 키우는 일에
무슨 '때'가 그리도 많이 필요한지.

수유하는 때,
재워야 하는 때,
수면 교육 하는 때,
밤중 수유 떼야 하는 때,
단유 하는 때,
이유식 하는 때,
배변 훈련 하는 때 등등.

수없이 쏟아지는 때 타령에 나는 겁을 덜컥 먹었고,

그래도 차마 실패자가 될 수는 없다는 생각에
육아 선배들의 성공 노하우와 육아 서적들의 유창한 이론들을
머리에 깊이 새기며 죽을 둥 살 둥 노력했다.

그럼에도 나는 '루저 인생'을 벗어날 수가 없었고,
때때로 쿨한 엄마를 가장하며 그러한 때들을 모르는 척하기도 했다.
"아니, 무슨 아기에게 해야 할 훈련이며 교육이 이렇게 많아!" 하며
툴툴거리기도 했지만
여전히 마음 한편에 묵직하게 자리 잡고 있는 패배감을
쉽게 물리칠 수는 없었다.

그런 연유로 나는 수유 텀 같은 건 모르쇠로 일관하며
너에게 시도 때도 없이 젖을 물렸고,
왜 아직도 모유 수유를 하냐는 사람들의 질문과 관심에
죄지은 사람처럼 고개를 숙이면서도 20개월이나 모유 수유를 했으며,
수면 교육은커녕 젖 떼는 그 순간까지 자다 깨는 너를 안고 달래며
밤중 수유를 이어 갔다.
그런데 어느 순간, 엄마 젖 없이는 잠시도 살 수 없는 것처럼 굴던
네가 신기하게도 혼자 스르륵 잠드는 걸 보며
혼자 눈물을 훔쳤다.

이유식 안 먹겠다고 울고불고하는 너와 싸우다 지쳐

남들보다 이르게 유아식을 시작했다.
징그럽게 안 먹어 내 속을 까맣게 태우던
네가 요즘은 과하다 싶을 정도로
밥을 우걱우걱 잘 먹어 주니 얼마나 신이 나는지.

너는 매일 밤 잠을 푹 자지 못하고 자다 깼다.
그런 네가 걱정되어 잠든 너를 두고 홀로 나와
인터넷과 서적을 뒤적이던 때가 있었다.
지금은 한번 잠들면 업어 가도 모를 정도로
푹 자는 널 보니 그저 신기하다.
'자다 깨는 아이'에 대해 검색할 시간에
차라리 조금이라도 널 끌어안고 잠이나 잘 것을.
그러면 네가 한 번이라도 덜 깨고 푹 잘 수 있었을 텐데…….

배변 훈련이라는 말이 싫어 27개월이 넘도록 집에 유아 변기 하나
사놓지도 않고 있다가
싸게 팔기에 아무 생각 없이 사들인 변기에
네가 바로 쉬를 하던 날,
우리는 흥분에 빠져 축제 분위기를 즐겼다.

밥상머리 교육 하는 때를 못 지켜 숟가락 들고
쫓아다니기 일쑤였지만,

3장. 유난히 너와의 하루가 힘든 날이 있어

O O O

남들의 때를 맞추지 못할 때는 그렇게 속상하더니,
차라리 너의 때를 기다려 맞추니 그렇게 편하고 신날 수가 없다.

어느 순간 너는 자연스럽게 식탁 앞에 앉아 한 그릇 뚝딱 해치운다.
그것이 놀랍고 신기하다.

남들처럼 육아를 했으나 남들처럼 때를 맞추지는 못해 왔다.
그리고 그저 너의 때를 맞추었다.
남들의 때를 맞추지 못할 때는 그렇게 속상하더니,
차라리 너의 때를 기다려 맞추니 그렇게 편하고 신날 수가 없다.
그리고 무엇보다, 가장 편하고 좋은 사람은 네 자신이라는 사실이
나를 더 신나게 한다.

너는 너만의 때를 가지고 있고,
그저 문제는 나의 인내심이다.

3장. 유난히 너와의 하루가 힘든 날이 있어

패션의 완성은

이 엄마가 꾸미는 법

남편 지인의 결혼식 참석을 앞두고 괜히 마음이 설렌다.
아기와 남편이 함께하는 자리인 만큼 가족 나들이 기분도 나고,
적당히 꾸미는 것이 예의인 자리에
참으로 오랜만에 참석하기 때문이다.

남편의 체면도 있으니 오랜만에 한번 꾸며 보자.
신부보다 예뻐서는 안 되니(결코 그럴 리 없지만)
그래도 내가 가진 옷 중에 가장 깔끔하고 고급스러운
(그리고 사이즈가 맞는) 옷을 골라 입는다.
아기 엄마가 진한 풀 메이크업은 부담스러워 보일 수 있으니
평소 바르던 립스틱에 마스카라 정도 추가해서 발라 본다.
(뷰러는 어디로 사라졌는지 당최 보이지도 않고)
화려한 세팅까지는 아니어도
그래도 신경 써서 드라이를 해본다.
(그래 놓고 언제든지 질끈 묶을 수 있도록 팔목에 머리끈을 장착한다.)
늘 신고 다니던 운동화를 오늘만큼은 구석으로

쓱 밀어 놓고 플랫 슈즈에 발을 구겨 넣는다.

(그러면서도 신발장 안에 박혀 있는 하이힐에 힐끗힐끗 시선을 던진다.)

그리고 마지막으로,

아기 띠를 멘다.

그러니까 이것은 나의 패션의 완성.

안에 어떤 옷을 입든 마무리는 늘 아기 띠로 한다.

일종의 커버 같은 것.

이거 없이는 나는 옷을 입은 것도 아니고 꾸민 것도 아니다.(이런!)

아기 띠로 너를 안고 결혼식장에 가는 길.

이유 없이 그냥 설렌다.

결혼식 음악이 흐르고, 난생처음 보는 신부의 등장에

주책맞은 눈물이 난다.

아기를 안은 채 밥을 반쯤은 코로 먹고는

때마침 잠이 와 보채는 아기를 토닥이며

예식장 바깥을 빙빙 돈다.

며칠 전부터 신경 써서 골라 입은 옷은 사람들에게

공개 한번 하지 못하고

결국 너의 침과 나의 땀만 한가득 담아 내는 용도로

사용하는 데 그치고 만다.
굽이 없는 구두를 신었건만,
꿀에 구두라고 내 발을 미치도록 조여 온다.

잠투정이 절정에 이른 너는 한참을 울다가
마침내 울음을 뚝 그치고 잠이 든다.
내 가슴에 얼굴을 묻고 새근새근 잠든 너를 보니
안도감에 한숨이 나온다.
얼굴을 타고 흘러내리는 땀방울을 무심코 닦아 내자
손에 시커먼 얼룩이 묻어난다.

마스카라가 많이 번졌다는 걸,
그제야 알았다.

땀은 좀 나고, 마스카라는 번졌지만
그래도 어쩐지 설레는 지인의 결혼식장이다.

꽃을 든 남자

남자아이 키우는 엄마의 변덕

네 살, 성질부림과 고집이 최고조에 이르는 시기.

더욱이 남아라면 과격함과 거친 언어는 덤!

이를테면 "빵야 빵야!" "두두두두두두! 으헉!"

이와 함께 나자빠지고 뒹구는 리액션은 옵션!

늙은 엄마 아빠는 어린 아들과 온몸으로 전쟁놀이를 하며

얼마 남지 않은 체력을 불사른다.

나는 요즘 네 살 거친 남아와 살고 있다.

아이를 키우는 것이 처음이니 매 순간이 고민이고 걱정이다.

이래도 되는 건지, 이게 맞는 건지,

이걸 지켜 줘야 하는지, 고쳐 줘야 하는지······.

어느 것 하나 똑바로 아는 것 없이

하루하루 불안한 육아를 이어 간다.

거기에 네 살 남아라는 옵션까지 장착하니,

내 육아 인생은 그야말로 하루하루가 두근두근(좋은 말로 하자면)

또는 매일매일 살얼음판(조금은 시적인 표현으로)

혹은 날마다 전쟁통!(그러니까 솔직하게 말하자면!)

"남자아이들은 다 그렇대."

그런 말들로 아이의 행동을 정당화하기 위해 노력한다.

'꼭 우리 애가 이상해서 저렇게 거칠고 산만한 것은 아닐 거야.'

내 안에서 뭉게뭉게 피어나는 불안감을

(우리 애가 정서적으로 문제가 있는 건 아니겠지.)

잠재우고 싶은 마음도 큰 거 같다.

그리고 어느 날, 너는 꽃을 심었다.

나는 네가 그다지 좋아하지 않을 거라 생각했지만,

너는 놀랍게도 꽃 심는 체험을 좋아하고 또 열심히 했다.

너를 기른다는 건

네가 무얼 하든 끝도 없는 고민을 반복하게 되는 것,

혹은 네가 무얼 해도 내 마음에 자꾸 변덕이 일어나는 것.

작은 네 두 손으로 직접 흙을 담아 꼭꼭 눌러 심은 꽃을
너는 몹시도 아꼈다.

"엄마, 꽃 봐."
자꾸 보라고 재촉하며 너는 꽃 화분을
네 작은 품 안에 살포시 품었다.

그 모습을 보니 나는 안도감(?) 같은 것이 느껴졌다.
우리 애가 마냥 과격하기만 한 건 아니구나.
이렇게 감성적인 모습도 갖고 있구나.
조심스럽게 꽃을 품고 있는
네 모습이 신기해 흐뭇한 생각도 들었다.

네가 그 꽃을 꽤 오래 품고 있자,
나는 슬슬 이상한 생각이 피어오른다.
남자애가 너무 꽃만 끼고 있는 건 아닌가.
저러다 계속 꽃만 좋아하면 어쩌지…….
나는 슬금슬금 너에게 다가가 총싸움을 건다.

그리고 나 스스로 과격한 말과 몸짓으로 너를 도발한다.
너는 순식간에 천방지축 모드를 다시 장착하고
온 집 안을 날아다니기 시작했고,

나에게는 알 수 없는 안도감(?) 같은 것이 다시 피어올랐다.

물론 그 안도감은 너의 괴성과 함께 날아든 발차기 한 방에

다시 확 사그라지고 말았지만.

너를 기른다는 건

네가 무얼 하든 끝도 없는 고민을 반복하게 되는 것,

혹은 네가 무얼 해도 내 마음에 자꾸 변덕이 일어나는 것.

아줌마의 고백

아가씨 때는 상상도 못했던

오늘의 엄마 일기,

아줌마가 되고 달라진 것들에 대한 고백

언제나 나의 아침과 함께하는 것

우리 집에는 캡슐 커피와 핸드 드립용 원두커피가 모두 있다.

하지만 아줌마의 모닝커피는 꼭 달달한 믹스 커피로 시작한다.

두둑하게 식사를 한 후에도 믹스 커피를 찾는다.

그래야 입이 정화되는 느낌이랄까.

처녀 때는 입에 대지도 않던 믹스 커피를.
이제는 식당에서 나올 때 자판기가 준비되어 있지 않으면
내심 섭섭함을 안고 발길을 돌리는 나는야 아줌마.

여자 아이템을 만났을 때

사고 싶고 갖고 싶은 '여자 아이템'을 만났을 때,
첫 번째 가격을 본다.
두 번째도 가격을 본다.
세 번째는 세탁과 청소 등 사용의 편의성을 따진다.
그 후……
가격을 다시 본다.
가격과 실용성 면에서 합격점이라면
디자인 정도는 웬만하면 '괜찮다.'라고 생각해 버린다.

그다음은,
고민한다. 또 고민한다. 고민을 백만 번쯤 한다.

그렇게 한참의 시간이 지난 후에…….
여전히 계속 고민하고 있는 날 발견한다.

나도 몰랐던 과감함

'나 이렇게 과감한 아줌마였나?' 싶을 정도로
아기 물건을 살 때는 뭐든 과감하게 결제하는 내 모습.
마트에서 일반 채소에 두세 배 하는
친환경, 유기농 채소를 별 고민 없이 담는다.
하지만 그건 아주 소량만. 딱 아기 먹을 만큼만.
"여보, 우린 이미 늙어 가는 몸이니깐 이해해 줘요."

립스틱 짙게 바르고

아줌마의 화장법이란,
우선 얼굴에 선크림을 바른다.
혹은 BB크림을 바른다.
그리고 끝.
그런데 그렇게 나가자니 어쩐지 얼굴이 너무 초췌하다.
거기에 붉거나 분홍빛 도는 립스틱 하나 발라 주면
완벽한 아줌마표 메이크업의 완성!
내가 아가씨 때, 얼굴은 허옇고 입술만 붉게 바르고 다니는
우리 엄마를 보며 비웃기도 하고 잔소리도 했거늘.
나도 그렇게 다니면 아가씨들이 날 비웃는 건 아니겠지.

뭐, 그러거나 말거나.

굶는 것보다 무서운 건 없다

아가씨 때 나는 같이 먹을 사람이 없으면 밥을 먹지 않았다.
배 채우는 것보다 나의 우아함을 지키는 게 더 중요했으니까.
하지만 아줌마는 다르지.
쪽팔림이고 뭐고, 내 배 채우는 게 우선이다.
그 어떤 것도 배를 채우는 행위를 우선할 수는 없기에(아기 빼고)
식당에서 혼자 먹는 밥도 거뜬하다.
(나의 베스트 프렌드 스마트폰만 있으면 언제나 마음이 든든해.)

동생아, 언니가 창피하니?

내가 이렇게 목소리 크고 드센 여자인지 몰랐다.
하늘하늘하고 가녀린, 천생 여자라고 생각했는데
그건 순전히 나의 착각.

나도 모르게 큰소리부터 나오며
때로는 상상도 하지 못했던 괴력이 발휘된다.

사람 많은 곳에서도 절대 기가 죽지 않는다.
나의 우아함을 지키기보다 우리 가족의 실속이 우선이라며,
어디 가서든 하나라도 더 얻어 오고 값을 깎아 온다.

나 이렇게 드센 여자였던가.
아니다. 나는 그냥 아줌마일 뿐.

아직 아가씨인 동생은 나와 함께 다니면 내가 창피하단다.
그래, 이해한다.
나도 아가씨 때 우리 엄마가 가끔씩 창피했으니까.

엄마 자격

나는 네게 어떤 엄마일까?

그런 날이 있다.
눈뜬 순간부터 하루를 마감하기까지
전쟁 같은 시간이 이어지는 날들.

도대체 뭐가 문제인지,
너는 왜 그렇게 종일 말썽을 부리며 울기만 하는지.

금쪽같은 내 새끼고 눈에 넣어도 아프지 않은 귀한 자식이지만
이렇게 종일 힘들게 할 때면
내 인내심은 금세 바닥으로 떨어지고
나는 엄마도 사람도 아닌 것이 되어 괴성을 내지른다.
도대체 왜 그러느냐고, 너에게 묻고 따져 봤자 되돌아오는 건
눈물 콧물 섞인 날카로운 울음뿐.
서로 말도 안 통하는 사이라 답답하고 속 터지는 건
너나 나나 마찬가지.
그러니 너도 울고 나도 운다.

남편이 돌아오면 내 표정부터 살핀다.
그러면서 우리의 하루 일과가 어땠는지
어느 정도는 짐작하는 것이다.
이런 날은 굳이 내가 이런저런 설명을 하지 않아도
이미 알고 있을 남편이지만
나는 또 그런 남편을 붙잡고 한참을 울며 하소연한다.

"많이 힘들지……."

남편은 내 어깨를 다독이며 낮은 목소리로 말했다.
하지만 나는 그의 목소리가 전혀 편안하게 느껴지지 않았다.
오히려 깊숙하게 내 가슴을 파고들어 내 마음을
더욱 불편하게 만들었다.

'힘들어서가 아니야…….'

아니다. 힘들어서 그런 게 아니다.
이렇게도 하염없는 눈물이 쏟아지는 이유는,
너에게 미안하기 때문이다.
견딜 수 없는 미안함이 밀려와
스스로 그 격한 감정을 받아들이기 힘들기 때문이다.
조금 더 부드러운 목소리로, 조금 더 따뜻한 품으로

너를 품어 주지 못했기 때문이다.
결국 '나는 또 이렇게 엄마 자격이 없는 못난 어미로
네 가슴에 상처를 남겼구나.' 하는 생각에
미안하고 또 미안했기 때문이다.

"나는 정말 엄마 자격이 없나 봐."

남편에게 구원의 손길을 내밀었다.
제발 누군가 나에게 "그래도 너는 좋은 엄마야."라고 말해 주길…….
그 말 한마디가 듣고 싶었던 건지도 모른다.

"아니야. 잘하고 있어. 너는 충분히 좋은 엄마야."

나 스스로 아닌 거 알면서도 억지로 그 말을 듣고 나니
조금은 위안이 된다.
너는 내게 어떤 말을 해줄까?
그래도 이 정도면 내게는 좋은 엄마라고, 잘하고 있다고,
그 정도 말이라도 들을 수 있을까?

나는 내게 어떤 사람인지,
새삼 그 걱정에 잠이 오지 않는다.

기저귀 떼기와 너의 배신

조금만 천천히 자라 주렴

온라인 사이트에 '기저귀 1+1'이 뜨면

얼마나 가슴이 요동치는지 너는 모르지.

혹시라도 금세 품절될까 싶어 모든 일 마다하고

광클릭하여 두 박스를 쟁여 놓으니

그렇게 마음이 든든할 수가 없다.

세상 다 가진 기분이 이런 걸까 싶기도 하고.

그런데 그 기저귀 박스를 채 뜯기도 전에

너는 알아서 기저귀를 떼어 버리고

이제는 외출을 할 때도 심지어 잠잘 때마저

기저귀를 차지 않겠다고 거부를 한다.

물론 네 앞에서는 경사를 외쳤지.

수월하게 기저귀를 떼어 준 것도 정말 고맙고.

두 박스나 쟁여 놓은 기저귀 값쯤이야,

네가 스스로 기저귀를 떼준 것에 대한 보상이라 생각하자 했어.

하지만 박스를 볼 때마다

왜 자꾸 입가에 씁쓸한 미소가 맴도는지…….
그래도 1+1이어서 다행이야.

처음에는 혼자서 쉬야를 하겠다며 바지나 이불에 실수를 하는 통에
하루에도 수없이 쏟아지는 너의 빨랫감을 수거하면서도
알 수 없는 미소가 흘렀다.
그래도 혼자 해보겠다고 노력하는 것이 기특하고 대견해서,
그깟 빨래쯤이야 얼마든지 할 수 있다고 생각했다.
조금 더 지나자 너는 금세 실수가 줄어들고,
대신 바지를 붙잡고 종종걸음을 하며 엄마에게 달려왔다.

"엄마, 빨리빨리!"
그럼 나도 함께 종종걸음을 하며
서둘러 바지를 내려 주고 변기에 데려다준다.
그리고 볼일이 끝날 때까지 옆에서 손뼉 치며 노래를 부른다.
나의 응원을 받으며 무사 응가를 해낸 너는
나와 기분 좋게 포옹한다.
그때의 감격과 기쁨이란,
네가 스스로 느끼는 뿌듯함에 못지않을 정도로 크단다.

그런데 어느 순간부터 너는 쉬야가 마려울 때면
엄마에게 말하지도 엄마를 찾지도 않는다.

3장. 유난히 너와의 하루가 힘든 날이 있어

혼자 바지를 벗고 화장실에 들어가 변기 앞에 서서
쉬야를 하고 있는 너를 발견했을 때의 충격이란……
기쁘고 뿌듯한 감정보다는 그저 놀라서 말문이 막혔다.

까치발을 하고서 변기에 딱 붙어 있는 네 모습을 보니
알 수 없는 묘한 감정이 나를 흔든다.
그건 더 이상 아기의 모습이 아니었다.

너는 이제 화장실에 가고 싶을 때 엄마를 찾지 않을 뿐만 아니라
엄마가 손도 대지 못하게 한다.
도와주겠다고 사정도 해보지만 소용없는 일이다.
옆에서 노래하고 손뼉 쳐줘야 볼일을 볼 수 있던 네가
이제는 내가 쳐다보는 것도 허용하지 않는다.
가란다. 볼일 볼 때 방해하지 말고. 알아서 하고 나갈 테니……

어떻게 나에게 이럴 수가 있니.
내가 널 어떻게 키웠는데.
적어도 바지 정도는 내리게 해줘야 하는 거 아니니.

너는 언젠가부터 남자 비슷한 흉내를 내기 시작한다.
그리고 점점 아기의 모습은 사라지려 한다.
아, 이럴 수는 없는 거다.

오, 귀여운 내 아가.

아직은 남자가 되지 말아 다오.

지금의 널 좀 더 오래 보고 싶은 엄마의 소망을 너는 아니.

육아가 힘든 이유
착한 아이라는 잣대

육아는 힘들다.
그것이 그토록 힘든 이유는,
내 아이가 내 마음대로 되지 않기 때문이다.

내 배 아파 낳은 내 새끼니까
내 말대로 움직이는 게 당연하다고 생각했다.
먹는 거, 자는 거, 행동하는 것, 가는 곳, 성격,
심지어 아이가 좋아하는 것과 좋아했으면 하는 것까지.
내가 정해 준 대로 따라와야 하는 게 정상인데,
현실은 내 마음이 아닌 아이 마음대로 움직인다는 거다.

너는 네가 원하는 걸 먹으려고 하고,
네가 자고 싶을 때 자려고 하며,
네 마음대로 말하고 행동하려고 한다.
여기를 가야 하는데 너는 저기로 가려고 하고,
이쪽으로 오라니까 반대쪽으로 뛰어가 버린다.

나는 너를 이런 사람으로 만들어야 하는데,
너는 자꾸 저런 사람이 되려고 한다.

너 왜 자꾸 엄마를 힘들게 하니?
내가 지금 얼마나 힘든지 알아?
엄마 말을 잘 들어야 할 거 아냐.
그래야 착한 아이지.

왜 그래야 하는지도 모른 채
너는 말 잘 듣는 착한 아이를 강요당하다가
어느 순간 '내가 왜 착한 아이가 되어야 하는지'
의문이 들기 시작했을 것이다.
답은 너도 모르고 엄마도 모르니까,

너는 그냥 반대편으로 달려 나가 버리고 만다.

나는 이쪽에서 소리를 고래고래 지르는데.

이유도 모른 채 주기적으로 주입당하는 몇 마디 말에

너 역시 질릴 대로 질렸을 테지.

아이가 말을 안 들어서 죽도록 힘든데,

나 역시 아이 말을 죽도록 안 듣기는 마찬가지.

너 역시 말을 안 듣는 엄마 때문에 힘이 들겠지.

너도 자유 의지가 있는 하나의 인격체인데,

밥 먹기 싫을 때도 있고 자기 싫을 때도 있고,

자기 마음대로 가고 싶은 곳도 있겠지.

밥 먹기 싫은 날엔 인스턴트 음식으로 한 끼 때우고

식탁 앞에 앉아 먹는 게 지겨운 날엔 소파에 앉아 먹는 나처럼.

어제는 새벽 2시까지 자지 않았다.

요즘은 왜 이렇게 잠도 안 오고 잠자기가 싫은지.

변덕도 죽 끓듯 해서 여기 가려다가

갑자기 엉뚱한 곳으로 가버리기도 한다.

나는 내 마음대로 다 하면서

내 아이는 내가 만든 규칙을 칼같이 지키면서 살기를 강요하는 건

내 마음은 얕고 너는 예쁘다.
그래서 육아는 그토록 고되다.

어찌 보면 횡포나 다름없는 것.

엄마는 되는데 자기는 왜 안 되는지 생각하겠지.

그 대답 역시 너도 모르고 엄마도 모르니까,

엄마가 하는 말에 청개구리처럼 해버리는 거야.

가뜩이나 말을 안 들어서 힘들어 미칠 거 같은데,

한술 더 떠서 너는 또 미치도록 어여쁘다.

가만히 있어만 줘도 예쁜 너를,

착한 아이라는 잣대로 자꾸만 울린다.

스무 마디 말로 설득할 수 있는 걸 알면서도,

그것이 힘들고 때로는 귀찮아

단 한 마디 말로 단칼에 너를 잘라 낸다.

육아는 원래 어려운 것인데

나는 그것을 너무 쉬운 방법으로 때우려 한다.

나에게는 내 마음 하나 다스릴 능력이 없기 때문이다.

내 마음은 얕고 너는 예쁘다.

그래서 육아는 그토록 고되다.

그리고 가끔은, 엄마 말을 잘 듣는 아이가 아닌

아이 말을 잘 듣는 엄마가

육아를 좀 더 편하게 해주기도 함을 속으로 되뇐다.

엄마도 처음이라서 그래

산 넘어 산이라더니
오늘이 가장 그립다

너를 배 속에 품고 막달이 되었을 때
나는 밤마다 제대로 잠을 잘 수가 없었다.
무언가를 먹기가 무섭게 명치에 탁 걸리는 느낌이었고,
그것들은 자꾸 위로 역류하려고 했으며,
쓰디쓴 위액이 속을 갉아 대는 기분에 괴로웠기 때문이다.
배는 어찌나 무거운지, 똑바로 눕자니 가슴과 위가 눌리는 듯했고
옆으로 누우면 배가 아래로 쏟아지는 듯 허리가 아팠다.
이도 저도 못하고 끙끙거리며 누운 것도 앉은 것도 아닌
어정쩡한 자세로 밤을 지새우기 일쑤였다.
그럴 때마다 네가 빨리 나와 주었으면 하고 바랐다.

너를 처음 만난 날,
눈도 채 뜨지 못한 작은 너를 보고 있자니
감격스러워 눈물이 났다.
그러나 감격의 순간은 거기까지,
그 후부터 우는 건 온전히 네 몫이었다.

아기가 이렇게 많이 우는지 나는 정말 몰랐다.
이 작은 몸에서 그렇게 크고 긴 울음이 계속 나오는 것이
신기하고 이상할 정도로,
너는 엄청난 울음을 토해 냈다.
그럴 때마다 나는 숨을 쉬기가 힘들었다.
팔다리가 떨리고 식은땀이 흘렀다.
그래도 엄마라고 너를 안고는 밤새 발을 동동 굴렀다.

신생아는 밤낮이 바뀌어 있기 때문에
새벽에는 잠을 잘 안 잔다고 한다.
그러면 그 긴 시간 동안 무얼 하느냐 하면, 운다.
그냥 막, 자지러지게.
도저히 그칠 것 같지 않은 울음은
한 달, 두 달, 세 달이 지나도 계속됐고
'백일의 기적'이 찾아올 거라며 위로해 주던 사람들에게
눈물의 하소연만 풀어냈다.

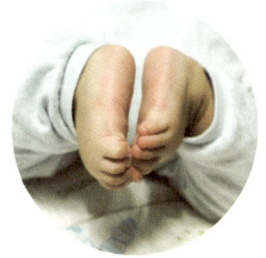

그건 차라리 '백일의 기절'이었다.

아이는 백일에 맞춰 더욱 크고 우렁찬 울음을 토해 내기 시작했다.

내가 도대체 무얼 어떻게 해줘야 너의 울음을 멈출 수 있는 걸까.

우는 아기 옆에서 육아대백과사전을 빠르게 넘겨 보고,

스마트폰을 붙잡고 신의 손놀림으로 검색을 해댔다.

'아기가 울 때', '아기가 밤마다 울어요', '우는 아기 달래는 법' 등등.

자동 완성 검색어가 주르륵 뜨는 걸 보니 조금은 위안이 됐다.

매일 나와 같은 문제로 검색하고 있는 엄마들이 많은 모양이구나.

네가 울어도 나는 딴짓을 하고 있으니

너의 울음은 날카로운 비명으로 바뀌어 내 가슴을 후볐다.

매일 밤 너도 울고 나도 울며 몇 달을 보냈다.

울음소리가 비교적 더 작고 몸무게도 덜 나가던

백일 이전의 네가 그리웠다.

이제 한술 더 떠 너는 '등 센서'를 작동시키기 시작했다.

바닥에 내려놓기만 하면 울고불고 난리가 났다.

잠이 들어 내려놓으니 바로 눈을 번쩍 뜨는 널 보며

가슴이 철렁했던 순간이 한두 번이 아니었다.

거짓말 조금 보태어 24시간 너를 안고 살았다.

적어도 잠이 들었을 때는 누워서 자주던 예전의 네가 그리웠다.

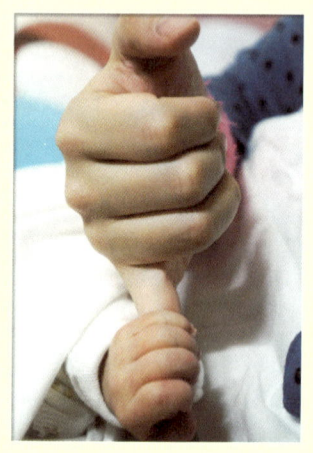

ο Ο ο

시간이 조금 더 흐르면
이 시간들이 그리워지리라는 걸 안다.
분명 지금보다 더 높은 산 앞에서
지금의 순간이 그래도 좋았음을 알게 되겠지.
육아는 산 넘어 산이라니까.

몇 개월 지나니 이제 이유식을 하란다.

너는 징그럽게 이유식을 먹지 않았다.

무얼 해줘도 입에 넣어 주기만 하면 바로 뱉어 냈다.

나중에는 숟가락만 봐도 울음을 터뜨렸다.

이유식을 만들 줄 몰랐던 나는 남들 하는 그대로 따라 해보았다.

그 아기들은 잘만 먹던데 우리 아기는 먹지 않았다.

매일매일 이유식 전쟁을 치르다 보니

그냥 종일 젖만 물고 살던 네가 차라리 그리웠다.

조금 더 지나 밥을 먹기 시작하니, 육아의 산은 더 높아졌다.

이유식을 거부하던 너는 밥도 역시나 거부를 했다.

그래도 그때는 가만히 앉아 있기나 했지,

밥을 먹을 시기에는 좀 컸다고 이리저리 도망 다니니

숟가락 들고 쫓아다니다 진이 빠졌다.

차라리 가만히 누워 억지로 숟가락을 받아먹던 시절의 네가 그리웠다.

너는 요즘 사방팔방 뛰어다니고 소리를 지른다.

여전히 숟가락을 들고 쫓아다녀야 하며

낮잠을 거부하고 울고불고 잠투정을 한다.

고집이 생긴 너는 아무 데서나 막무가내 떼를 쓰기도 한다.

그러나 시간이 조금 더 흐르면

이 시간들이 그리워지리라는 걸 안다.
분명 지금보다 더 높은 산 앞에서
지금의 순간이 그래도 좋았음을 알게 되겠지.
육아는 산 넘어 산이라니까.

기르는 사람이 된다는 것
너의 성장을 지켜보는 특권

우리 집에 신기한 일이 생겼다.

식탁 위에 파란 식물이 점점 줄기를 뻗어 나가고 있다.

손수 식물을 키워 보고 싶은 마음은 컸으나

내 손에만 들어오면 삐쩍 말라서 죽어 버렸다.

그렇게 하나둘씩 떠나보내다 보니

그것도 참 할 짓이 못 되었다.

내 욕심 채우자고 예쁜 식물들을 자꾸 죽이는 꼴이 되어 버리니……

그래서 언젠가부터 식물은 키우지 않기로 다짐했었다.

그런데 이 아이는 어찌 된 일일까.

몇 달 전 선물로 받은 작은 화분.

갓 새싹을 벗어난 식물이 불안하게 떨리고 있었다.

너무도 작고 힘없어 보이는 식물을 보고 있자니

숨을 크게 쉬는 것도 조심스러웠다.

행여나 불면 날아갈까 싶어서.

그래서 가까이 두고 살피지도 못하고 먼발치에서 바라보기만 했다.
사실은 어쩌면, 처음부터 내 것이 아니라는 생각으로
마음조차 주지 않으려고 했던 거 같다.

너 어차피 죽을 거잖아.
내가 정성스럽게 물도 주고 햇볕도 쬐여 주며 마음을 쏟아부어도
어차피 또 금방 죽을 거잖아.
다른 애들처럼.

그래도 선물이라고 받아 온 건데 아예 모른 척하기는 미안하여
그저 물 주며 인사 한 번 건네는 정도의 기본적인 손길만 주었다.
그 이상 과한 마음은 스스로도 아끼고 자제했다.

그런 아이가 해를 넘겨 쑥쑥 자라더니
1차 분갈이에 이어 2차 분갈이를 앞두고 있다.
못난 주인의 어설픈 손길 안에서
이렇게 쑥쑥 자라는 걸 보니 신기하고 대견하고, 기특하다.
어찌 보면 너는 무심한 주인 아래서
꿋꿋하게 스스로 자라는 것처럼 보였지만,
그래도 알게 모르게 너를 기르는 나의 손길과 마음에
정성이 담겨 있었던 모양이다.
기르는 것 같지 않게, 은근한 손길이 시나브로 너를 키웠나 보다.

나는 이렇게 점점
기르는 일에 익숙한 사람이 되어 가는 모양이다.

나는 이렇게 점점
기르는 일에 익숙한 사람이 되어 가는 모양이다.
네가 예쁘게 커가는 걸 볼 수 있다는 것만으로도,
기르는 사람이 된다는 건 참으로 멋진 일이다.

널을 뛰다
유난히 아이가 잠들지 않던 날

잠든 너를 보고 있으면 왜 이렇게 마음이 아픈지 모르겠다.
잃어버렸다가 다시 만난 자식도 아니고,
어디가 아파서 하루하루 불안한 삶을 살고 있는 것도 아닌데,
너의 잠든 모습은 왜 그렇게 송곳처럼 내 가슴을 파고들어 오는지.

손이 벌벌 떨릴 정도로 조심스러워 잠든 너의 얼굴을
차마 쓸어 보지도 못하는 엄마는
아픈 가슴을 움켜쥐고 작은 한숨만 내쉬며 너를 보고 또 본다.
너는 내 마음을 아는지 모르는지,
마냥 행복해 보이는 얼굴로 잠을 잔다.

어쩌면 나, 이렇게 네가 잠든 순간에만
너의 행복을 지켜 주는 사람이 아닌지.
네가 잠에서 깨어나면 또다시 나 때문에 행복한 얼굴을
잃어버리게 되는 거 아닌지,
문득 겁이 났다.

제발 낮잠만이라도 제시간에 자 달라고,
반쯤은 애원의 목소리로 반쯤은 화난 목소리로 소리를 질렀다.
원래도 낮잠을 거부하는 너이지만,
유독 심하게 거부하는 날이 있다.
그런 너를 기어코 재우겠다고 전쟁을 치르다 보면
시간은 시간대로 흘러가고 너와 나는 지칠 대로 지친다.
해도 해도 안 되자 눈물까지 쏟아 내며 하소연을 하다
뜬금없는 말이 왈칵 튀어 나가고 말았다.

"네가 낮잠을 자야 나도 좀 쉴 거 아니야!"

애한테 내가 무슨 소리를 한 건지…….
단지 엄마의 휴식 시간을 마련해 주기 위해
오지도 않는 낮잠을 자 달라고 아기한테 화를 냈던 건가.

낮잠을 자야 키도 쑥쑥 크고, 더 건강해지고,
이따가 더 재밌게 놀 수 있지…….
이제 와 이런저런 변명을 끌어다가 늘어놓는 것이
궁색해서 견딜 수가 없었다.
왜 그렇게 스트레스를 받아 가며 기어코 너를 재우려고 했던 건지,
문득 튀어나온 내 말 한마디에 깨달았다.

그래야 나도 좀 쉬지…….

그래, 사실은 그냥 쉬고 싶었던 거다.
단 한두 시간이라도 아무것도 안 하고 가만히 있을 수 있는
시간이 생기길 바란 거다.
그래서 잠도 오지 않는 너를 기어코 재우려고 애를 쓴 거다,
사실은…….

미안했다.
그래 놓고 또다시 억지로 너를 재우고서야
한숨 돌리는 내 자신이 몹시도 미웠다.
그리하여 널 바라보는 내 마음이 그렇게 아프고 또 아팠다.
이렇게 후회할 마음을 자꾸만 반복해서 쌓아 가는 어리석은 엄마.

화내다 울다, 그리고 또 웃다.
마치 널을 뛰듯,
하루에도 수십 번씩 내 마음이 그렇다.

3장. 유난히 너와의 하루가 힘든 날이 있어

널 만난 날 이 철없는 엄마는 좀 울었어.

엄마라는 단어가 아직은 어려워
기대보다 두려움에 한숨을 툭 내쉬던 때였다.

그렇게 한 살, 두 살 … 다섯 살,
네가 자랄수록 엄마로서의 숙제가
또 하나 쌓여 간다.

매일 숙제하듯 노력하지 않으면
아이의 자라는 속도를 도저히 따라갈 수 없기에
오늘도 엄마는 열심히 숙제를 한다.

네가 자란 만큼 엄마 역시 제법 엄마다워졌다.

어느새
엄마 나이
다섯 살

네가 좋아하는 4가지

널 행복한 아이로 키우는 가장 쉬운 방법

네가 좋아하는 것들…….

바닷가에 사는 짹짹이

아빠와 함께하는 주말, 너에게 "어디 갈까?"라고 물으면
단번에 "짹짹이 까까 주러!" 가자고 한다.
새우깡 사 들고 짹짹이를 만나러 가는 길이면
너는 출발 전부터
잔뜩 신이 나 환호성을 지르지.
다행히 새우깡은 얼마든지 살 수 있는
능력이 되고,
마침 해변 고속도로는 집에서
그리 멀지 않으니
우리는 마땅히 종종 바닷가를 찾는다.

작은 곤충들

너는 잔가지와 풀숲 사이에
기어 다니는 작은 곤충들을 용하게
발견하고는 한참을 쪼그리고 앉아
시간 가는 줄 모르고 보고 또 본다.
"엄마, 곤충!"이라고 가르쳐 주지만
나는 네가 가리키는
티끌처럼 작은 것들을
찾아내는 것도 쉽지가 않구나.
그래도 너의 시선을 따라가며
함께 호응한다.
곤충이 참 작고 예쁘구나!

공룡

자동차를 조금 좋아하는가 싶더니
너는 이내 공룡에게 마음을 쏙 빼앗기고,
매일같이 우스꽝스러운 흉내를 내며
"크억 크억!" 이상한 소리를 낸다.
아빠는 아예 작정하고 공룡 모형들을 잔뜩 선물하고는

둘이 매일 모형들을 쌓아 놓고
놀이를 한다.
엄마 눈에는 그저 이상하고
징그러운(?) 존재일 뿐이지만,
공룡과 함께 노는 너의 눈빛은
눈이 부실 정도로 반짝거린다.

엄마표 아이스크림

바나나와 우유를 함께 갈아 약간의 꿀을 타서 만든 엄마표 아이스크림.
오전에 너와 함께 만들어 얼려 둔 뒤 낮잠을 잔다.
그러면 너는 잠에서 깨자마자 아이스크림을 찾는다.
마트표 쭈쭈바를 사 먹이기 싫은
엄마의 고집도 있지만,
사실은 네가 엄마표 아이스크림을
엄청 좋아해 준다는 이유가
가장 크기도 하다.
이게 뭐라고, 세상 다 가진 표정으로
야무지게 먹는 널 보니
나는 그저 행복하다.

✻

네가 좋아하는 것들, 생각해 보면 특별할 거 없고
참 별거 아닌 소소한 일상.
널 누구보다 행복한 사람으로 기르고 싶은 나의 소망이
어쩌면 아주 쉬운 건지도 모르겠다는 생각이 든다.
혹시 내가 너무 어려운 생각만 하고 있었던 건 아닌지.

너를 행복한 사람으로 기를 수 있기를 소망한다.
그리하여 너에게 해줄 수 있는 걸 늘 찾아 헤매며 고민한다.
하지만 나와 함께하는 이 작은 시간들 속에서
그 누구보다 행복해 보이는 미소를 보이는 너.

너를 행복한 사람으로 기르는 일이,
가장 쉬운 일이면서 가장 어려운 일임을 이제는 알 거 같다.
너에게 행복을 만들어 주는 사람이 되기 전에
너의 행복을 그저 지켜 줄 수 있는 내가 되길, 소망한다.

한 번은 원 없이 하는 것

가장 싼 수업료

너는 오늘 엄청난 일을 해냈어.

손을 씻을 때마다 세정제를 스스로 누르지 못해

늘 엄마의 도움을 받아야 했던 네가

오늘 처음으로 스스로 누른 거야.

옆에서 보고 있던 나도 놀랐지만 가장 놀란 건 네 자신이었지.

너의 놀란 표정 뒤에는 우쭐한 표정도 어려 있었어.

나도 이제 세정제 눌러 짤 수 있는 남자라며

잔뜩 상기된 얼굴로 고함도 질렀지.

그때부터 너는 멈추지 않고 펌프질을 하기 시작했어.

누르고 또 누르고, 손 위에 쌓인 거품은

물로 헹궈 내고 또 누르고……

잘 눌러지는 것도 신기하고,

누르니 거품이 네 손 위에 쌓이는 것도 신기했을 테지.

그렇게 너는 손 세정제 한 통을 거의 다 쓸 때까지

펌프질을 멈추지 않았어.

엄마도 처음이라서 그래

그 와중에 내 머릿속으로는 많은 생각들이 지나갔어.
세정제도 아깝고, 네 옷은 다 젖어 가고,
나의 주방은 엉망이 되어 가고 있으니.
하지만 나는 그 한 통을 다 쓸 때까지
가만히 옆에서 지켜보기로 했어.

나는 "잘한다!"라는 칭찬도, "그만해!"라는 말도 하지 않았어.
아무 말 없이 그냥 지켜보며 기다리고 또 기다렸지.
네가 펌프질의 재미에서 빠져나올 때까지.
하다 보면 언젠가는 지겨워서 그만두겠지 싶어서.

얼마나 신기하겠어.
지금까지 불가능했던 일이 가능하게 되었는데.
엄연히 스스로 해낸 일이잖아.
너는 너무 신기하고 감격스러워서 멈출 수가 없었겠지.

네가 처음 뒤집기를 했던 날 온 가족이 모두 놀라며 감격을 했어.
하지만 가장 놀란 사람은 네 자신이었지.
너는 그날 이후로 하루 종일 뒤집기를 하며
온 집 안을 굴러다녔어.
얼마나 신이 났겠어.
할 줄 아는 거라고는 가만히 누워 있는 게 전부였던 네가

네가 좀 더 감격을 즐길 수 있도록 기다리기로 했어.
뭐든 한 번은 원 없이 실컷 해보자, 질려서 스스로 그만둘 때까지.

스스로 몸을 움직일 수 있게 되었는데.

멈출 수도 없었고 멈추고 싶지도 않았겠지.

우리는 그냥 지켜보았어.

네가 뒤집기 성공의 감격에서 스스로 나올 때까지…….

너는 이제 뒤집기를 하지 않아.

그리고 언젠가는 세정제를 눌러 짜는 일쯤은

아무 일도 아닌 것처럼 생각하는 날이 오겠지.

나 역시 너의 작은 행동 하나에

호들갑을 떠는 일은 지금뿐일지도 몰라.

그때까지는 네가 좀 더 감격을 즐길 수 있도록 기다리기로 했어.

뭐든 한 번은 원 없이 실컷해 보자, 질려서 스스로 그만둘 때까지.

설마 한 달, 두 달, 뭐 일 년 내내야 하겠어.

그깟 손 세정제쯤이야.

너를 위한 수업료를 지불한다고 생각할게.

그래도 비교적 싼 걸로 해주어서 고마워.

놀자, 아기야
공부란 전쟁을 시작하기 전에

네 아빠는 어릴 때 시골에서 자라서

종일 논과 밭을 누비며 뛰어노는 게 일상이었단다.

그러다 힘들면 물속에 첨벙 뛰어들어 수영을 하고 고기도 잡고.

볕에 탄 까만 피부를 하고 산을 타고 나무에 오르며

종일 노는 게 전부였다지.

초등학교에 들어가서도 다를 건 없었대.

학교는 그냥 친구들과 놀기 위해 가는 곳.

동네 친구들이 모두 학교에 모여 노니 마냥 즐겁기만 했지.

입시라는 무시무시한 것에 몸을 담기 전까지

네 아빠는 그렇게 촌에서 뛰어노는,

그야말로 촌아이였단다.

서울에 사는 엄마도 다를 건 없었어.

엄마의 엄마와 아빠는 맞벌이로 늘 바빴기 때문에

엄마는 동생과 함께 동네를 쏘다니며 놀기 바빴지.

친구들과 고무줄놀이도 하고,

남의 집 담벼락이나 지붕 위에 오르거나

동네 개들을 쫓아다니기도 하고…….

손발이 까맣게 된 줄도 모르고

그 손으로 과자나 쭈쭈바를 먹으며 깔깔거리고.

골목마다 아이들이 모두 나와 점령을 해버리니

그곳이 곧 우리의 아지트가 되곤 했단다.

공부하라고 잔소리하는 사람도 없고,

딱히 공부를 시키는 사람도 없으니

엄마는 그냥 놀았어. 동생 손을 붙잡고.

그러다 어느 순간 학교라는 공간에서

시험 전쟁에 발을 넣게 되었는데,

엄마는 정말이지 숨도 못 쉬겠더라.

하루하루가 막막하고 답답한 기분.

그때부터 친구는 친구가 아니었어.

그냥 내가 싸워 이겨야 하는 대상일 뿐이었지.

"친구랑 재밌게 놀아."라고 말해 주는 어른은 없었어.

옆 친구를 밟고 올라가라는 말만 들릴 뿐.

아기야, 우리 놀자. 실컷.

4장. 어느새 엄마 나이 다섯 살

놀고 싶은 만큼, 원 없이.

어차피 학교에 들어가 경쟁이 시작되면
끝도 없이 책에 파묻혀 살아야 할 거야.
책을 보다 고개를 돌리면 또 책이 있고,
뒤를 돌아봐도 또 책이 있는.
사방이 다 책으로 꽉꽉 막혀
그 어느 곳 하나 눈길 둘 곳도 없는…….

많이 답답하다고 느낄 거야.
같이 놀 친구는 사라지고
어느 순간 마음을 나눌 상대조차 없다는 생각에
외로움을 느낄지도 몰라.
하지만 엄마도 별수가 없어.
그게 우리나라의 교육 현실이니까.
그때가 되면 엄마도 공부하라고 잔소리하는 엄마로 변할지도 몰라.

그러니까 아기야, 지금은 실컷 놀렴.
꽃도 보고, 나무도 만지고,
하늘도 보고, 흙도 밟고, 물도 만지고…….
볼 수 있는 건 다 보고 만질 수 있는 건 다 만지며
그렇게 세상을 눈과 마음에 담아 두렴.

엄마도 처음이라서 그래

어쩌면 네가 지금 보고 느끼는 모든 것들로
평생을 버티며 살아가야 할지도 모르니까.

어쩌면 네가 지금 보고 느끼는 모든 것들로
평생을 버티며 살아가야 할지도 모르니까.

엄마는 너에게 조바심을 내지 않도록 노력할 거야.
하지만 막상 네가 학생이 되어 성적표를 들고 왔을 때,
회초리를 드는 엄마가 되지 않겠다고 장담은 할 수 없어.
그러니 그때까지는 실컷 놀자. 아기야.

엄마의 고민

내 아이 천재설

아기와 종일 놀다 보면
하루에도 몇 번씩 가슴이 철렁하는 순간이 있다.
위험한 행동을 하거나 엄청난 말썽을 부릴 때도 그러하지만
가끔은 내 눈을 의심하게 만들 정도로
영특한 행동을 하여 내 가슴을 울렁이게 만든다.

특히 요즘은 블록 놀이에 심취해 있는데,
도대체가 어떻게 가르쳐 주지도 않은 블록들을
요리조리 연결해서 다양한 모양을 만들고
그걸 또 새롭게 변형까지 하느냐 말이다.

그럴 때 엄마 가슴은 쿵덕쿵덕 정신없이 요동치고
사방팔방 떠들며 자랑하고 싶은 마음에 입이 근질거리며
너를 안고 당장 텔레비전에라도 출연해야 할 거 같은 생각에
마음이 다급해진다.
영재 중에 영재인 너를 그냥 나 혼자만 보고 있는 건

너무 아깝지 않은가.

그럴 때면 사진과 동영상으로 담아 두는 건 필수다.

(나중에 영재 테스트를 받을 때 필요할지도 모르니까.)

"이렇게 혼자서 잘하는 아기 봤어?"

팔불출 엄마가 호들갑을 떨며 아빠에게 묻는다.

"아니, 못 봤어!"

팔불출 아빠와 제법 손발이 잘 맞는다.

하지만 우리는 그동안 다른 아기들을 볼 기회가 거의 없었으므로,

비교 대상 자체가 없다는 사실은 쿨하게 잊기로 한다.

그냥 우리 아기만 할 줄 아는 걸로 생각하며

팔불출 부부는 끝도 없이 수다를 풀어 놓는다.

우리 아기가 정말로 '진짜 천재'이면 어떻게 하지.

앞으로 어떻게 교육을 시켜야 하나.

'천재'일지도 모르는 아기를 가진 엄마의 고민은 끝이 없고,

아기는 엄마의 속을 아는지 모르는지

놀랄 사건들을 끝도 없이 만들어 낸다.

"너도 아기 때는 참 똑똑했는데……."

친정 엄마는 내게 말했다.

친정 엄마의 말대로라면 나는 지금쯤 어마어마하게

훌륭한 위인이 되어 있어야 하는데,

뭔가 이상하다.

이건 분명 시대를 잘못 만난 탓이라고,

나름대로 위안을 하고 넘어가기로 한다.

"다시!" "다시?" "다시!"
아이가 진짜 원하는 것

왜 그동안 너와 풍선을 불어 볼 생각을 못 했을까.
생각해 보면 나도 어렸을 때 풍선 놀이를 참 좋아했다.
풍선이 커다랗게 부푸는 걸 보면 내 마음도 덩달아 부풀어 올랐고,
살짝만 건드려도 하늘 높이 둥둥 떠오르는 걸 보면
내 마음도 붕 떠올랐다.

너와 공차기를 하고 놀다가 문득 그때의 내 모습이 떠올랐다.
당장 너와 함께 문구점을 찾아가
알록달록 색깔별로 들어 있는 풍선 묶음을 사왔다.
오랜만에 부는 거라 가슴이 터질 듯 숨이 차고 현기증이 일었지만,
그래도 열심히 불었다.

결과는 대성공이었다.
너는 난생처음 본 풍선들에 사로잡혀 비명에 가까운 환호성을 질렀다.
네 몸집에는 다소 버거운, 딱딱하고 무거운 공을 가지고 놀다가
가볍게 둥둥 떠다니는 공을 보니 신이 나는 모양이다.

너는 풍선을 하늘로 높이 던져 올렸다.

풍선은 너의 작은 손길에도 쉽게 하늘로 붕 떠올랐고,

그럴 때마다 너는 까르륵 기분 좋은 웃음을 터뜨렸다.

너는 몹시 상기되어 있었다.

입이 헤- 벌어져 침이 흐르는지도 모르고.

2박 3일 우리는 풍선 놀이만 했다.

하늘 높이 풍선을 띄우고, 손으로 치고,

발로 차고, 서로에게 던졌다.

야구를 하듯 풍선을 던져 국자나 뒤집개로 쳐냈다.

나중에는 양손에 각각 하나씩 들고 풍선 싸움을 하기도 했다.

사실 너는 풍선 싸움을 제일 좋아해서,

나는 2박 3일 동안 꼼짝없이 너의 싸움 상대가 되어야 했다.

"다시!"

너는 까르륵까르륵 숨이 넘어가게 웃으며

끝도 없이 "다시!"를 외쳤다.

나는 '다시'라는 말에 슬슬 신물이 나기 시작했고

"또!"라는 말만 들어도 한숨이 절로 튀어나왔다.

나중에는 네가 잠든 사이 저 풍선들을 다 없애 버릴까, 하는

궁리마저 하게 되었고

4장. 어느새 엄마 나이 다섯 살

너를 좋게 기른다는 건 네가 좋아하는 일을 지겹도록
함께해 주는 것,
그리고 그 즐거움을 함께 나누는 걸지도 모르겠다.

급기야 나도 모르게 "또?"라고 버럭 하는 사태까지 발생했으니.

그래도 너의 미소는 한없이 해맑았다.

아,

너의 고운 미소 앞에서

나는 또다시 와르르 무너진다.

내가 어찌 쓴 표정을 지을 수 있으랴.

나는 그저 모든 걸 내려놓고 너와 미치도록

풍선 놀이에 빠지기로 했다.

4박 5일이 될지, 6박 7일이 될지, 한 달 내내 붙잡고 있게 될지,

그건 모르겠다.

다만 네가 마냥 좋아하는 모습을 보니 그저 좋다.

너를 좋게 기른다는 건 네가 좋아하는 일을 지겹도록

함께해 주는 것,

그리고 그 즐거움을 함께 나누는 걸지도 모르겠다.

나는 어쩌면 너에게 무언가를 제공해 줘야 한다는

압박에만 사로잡혀 있었던 건 아닌지.

생각해 보면 고작 풍선 천 원어치로

몇 날 며칠 너와 즐겁게 시간을 보낼 수 있으니

그것도 참 감사한 일.

'돼, 돼, 돼! 캠페인' 중

아이가 처음 배운 말

엄마와 퍼즐을 하는 즐거운 시간.
아기는 조각을 끼워 맞추려는 시도를 잠깐 하다가
마음대로 되지 않자 고개를 좌우로 저으며 말한다.

"안 돼, 안 돼, 안 돼."

그러고는 퍼즐 조각을 바닥에 내려놓았다.
순간 나는 가슴이 철렁 내려앉았다.

아기가 곧 말을 하려나 보다.
요즘 들어 말하는 게 전과는 확연히 달라졌다.
제법 알아들을 수 있는 말을 하기 시작한 것이다.
아기를 키우면서 가장 기다린 순간이
내 아기가 말하는 때였나 싶을 정도로 나에게는 큰 감격이었다.
아주 잠시 동안 말이다.

아기가 말이 트이자마자 처음으로 한 말은 놀랍게도 "안 돼."였다.
너무나도 정확하고 또렷한 발음으로 "안 돼, 안 돼, 안 돼!"를
연속 발사했다.
고개까지 가로저으며.

아기는 '안 돼'라는 말의 이중 의미,
그러니까 '해서는 안 된다'라는 의미와 '할 수 없다'라는 포기의 의미,
두 가지를 정확히 알고 있었다.

아기의 언어 발달에 나름대로 주의를 기울여 노력해 왔는데
아기가 가장 처음 배우고 습득한 말이 '안 돼'라니.
나는 그동안 아이에게 무얼 가르친 건가.
그 어떤 말보다 내가 가장 많이 하는 말이 '안 돼'였던 건가.
안 된다는 말로 아기의 잘못이나 위험한 상황을 막으려고 했던
내 행동이 아기에게 실패와 좌절의 언어를
가장 먼저 습득하게 해준 셈이 되어 버렸나 보다.

"안 돼, 안 돼, 안 돼."
아기의 그 말이 내 가슴을 쿡 쑤시는 것만 같아 몹시 아팠다.

✳

우리는 요즘 '돼, 돼, 돼! 캠페인' 중이다.

어차피 커 가면서 배우고 익히게 될 실패와 좌절의 단어들.
하지만 세상에 많고 많은 긍정적인 말보다
부정의 언어를 먼저 배우게 하고 싶지는 않았다.

지금이라도 상황을 바로잡고 싶은 다급한 마음에
우리는 '안 돼'라는 말 대신 '돼'라는 말을 사용하기로 한 것이다.
나는 거의 주입을 하듯 아기 귀에 나직나직 말한다.
"돼. 되는 거야. 할 수 있어. 괜찮아. 돼, 돼, 돼!"

어차피 커 가면서 배우고 익히게 될 실패와 좌절의 단어들.
하지만 세상에 많고 많은 긍정적인 말보다
부정의 언어를 먼저 배우게 하고 싶지는 않았다.
내 탓인 걸 알고 있다. 그걸 바로잡는 것 역시 나의 몫인 것을.

그리하여
오늘도 우리는 돼, 돼, 돼-!

육아란,
엄마 동지들에게

그래도 웃을 수밖에 없는 것.
오늘도 웃는 일이 더 많기를.

지켜 주겠다고 했다

엄마의 초심

배 속의 네가 불안하다고 했다.
좋지 않다고 했다.

하얀 가운을 입은 의사는 덤덤한 표정으로
네가 건강상 문제가 있을지도 모른다는 말을 했다.
그렇게 치면 '문제가 없을지도' 모르는 일인데
의사는 당장 너에게 큰일이라도 일어난 것처럼 말했다.

나에게 와준 선물을 두고 입에 담기 끔찍한 권유까지 받으니
그 순간 내 삶 자체가 와르르 무너지는 것만 같았다.
그날 집까지 어떻게 왔는지, 와서는 무얼 했는지,
기억이 잘 나지 않는다.
다만 그 의사는 아이가 있을까, 잘 키우고 있을까,
난데없이 그 생각에 빠져들었다.

지켜 주겠다고 했다.

그저 나 하나 믿고 세상에 와준 작고 작은 너를

꼭 지켜 주겠다고 맹세했다.

의심하고 고민할 여지가 없었다.

그래도 엄마라고 작은 탯줄 하나에 의지해 삶을 연명해 가는 너를,

끝까지 품어 내리라 다짐했다.

내 작은 두 팔로 산 같은 너를 꼭 감싸 안았다.

아무리 감싸 안아도 감싸지지 않을 만큼 너는 컸지만

그래도 보듬고 또 보듬었다.

괜찮아. 다 잘될 거야. 눈물이 쏟아지는 걸 참으며 너에게 말했다.

내가 울면 너도 울 테니까.

무슨 일이 있어도 너 하나만은 내가 지켜 주리라.

그렇지 않으면 너는 그 누구에게도 사랑이라는 걸 받지 못할 테니까.

나에게 너는 수많은 사람들 중에 가장 소중한 단 하나의 사람이지만,

너에게 나는 그저 유일한 단 하나의 사람이고, 단 하나의 세계니까.

내가 지켜 주지 않으면 이 세상 그 누구도

너를 품어 줄 사람이 없을 테니까.

너와 하루하루를 보내며 이따금 그 시절이 생각날 때가 있다.

그럴 때면 새삼스럽게 네 손도 한번 잡아 보고 발도 만져 본다.

너를 등 뒤에서 껴안으며 배를 비비적거리고

머리에 얼굴을 파묻어 온전히 너의 체취에 빠져 본다.

그렇게 네가 내 옆에 있음을 다시 한 번 느낀다.

네가 있다. 그토록 간절하고, 소중하고,
가슴 아프던 네가 지금 내 옆에서 웃는다.
그 이상 무엇이 더 필요하랴.
이제는 내가 너에게 지켜 달라고 말한다.
그토록 가슴 아파하던 내 마음을 잊지 않도록 해 달라고 말한다.

그저 너의 존재만으로 감사할 수 있는 내가 되도록,
나를 지켜 달라고 부탁한다.

4장. 어느새 엄마 나이 다섯 살

수저통 사러 가는 길

아무도 알아주지 않을지라도

하얀색 플라스틱 수저통이 얼마 전부터 눈에 거슬렸다.
산 지 얼마 되지도 않은 것 같은데 물때가 끼어
꼬질꼬질한 자태를 뽐내고 있는 것이 영 마음에 들지 않았다.
아무리 닦아도 때가 빠지지 않는 걸 보니
아무래도 새것으로 사는 게 낫겠다 싶었다.

우리 가족의 건강에도 안 좋을 텐데,
볼 때마다 그런 걱정이 들면서도
막상 새로 구입하는 일은 자꾸만 미뤄졌다.
집안의 그 누구도 수저통 따위에는 신경 쓰지 않는다는 사실이
그 일을 더욱 미루게 만들었다.
사태의 심각성은 오직 나만 느끼고 있는 거 같았다.

날씨가 꽤 괜찮은 오전,
아이를 데리고 벼르고 벼르던 수저통을 사러 길을 나섰다.
그때 마침 남편에게서 전화가 왔다.

무얼 하느냐고 묻는 남편에게 비장한 목소리로 말했다.

"수저통 사러 가."

드디어 이 일을 하러 출동한다는 말투로 당당하게 말하는

내게 되돌아온 남편의 목소리는 의외로 담담했다.

"그래?"

시큰둥한 그의 목소리를 들으니

조금 전의 패기가 슬금슬금 사라지는 거 같았다.

밖으로 나오니 때마침 점심시간이다.

직장인들이 식사를 하기 위해 와르르 쏟아지는 시간,

아이 손을 꼭 잡고 그 틈을 비집고 헤치며 수저통을 사러 간다.

그 많은 사람들 중 아이와 함께 수저통을 사러 밖에 나온 사람은

나 혼자뿐인 거 같았다.

그들은 적어도 '수저통을 사러 가는 일'보다는

더 가치 있는 일을 하는 사람들 같았다.

순간 오늘 나의 가장 중요한 일과 중 하나가

가장 하찮은 일이 되어 버렸고

나 역시 하찮은 사람이 되어 버린 거 같은 기분에

갑자기 기운이 확 빠졌다.

남편의 시큰둥한 목소리 때문이었을까,

아니면 하필이면 가장 바쁘게 사는 사람들 속을

비집고 다닌 탓이었을까.

덥고, 다리도 아프고, 괜히 기운도 빠져
가까운 빵집으로 들어가 달달한 것들을 잔뜩 주문했다.
빵 하나도 쉽게 허용하지 않던 엄마가 웬일로 빵 잔치를 벌이니
아이는 놀라서 기쁨의 함성을 지른다.
나 역시 작정하고 평소 먹지 않던
생크림 가득 올라간 커피를 주문했다.
달달한 것을 먹으며 빵집에 앉아 있으니
그렇게 바쁘던 사람들도 하나둘 사라지고
어느덧 길거리도 한산해져 있다.
이때다 싶어 나는 아이 손을 잡고 재빨리 집으로 돌아왔다.

새로 구입한 수저통을 주방 한편에 놓고 수저 정리를 한다.
새 수저통에 대해 남편에게 자랑을 하려다가 그만두기로 했다.
우리 가족 중 그 누구도 알아채지 못할 변화이지만,
그래도 오늘 우리 집 수저 위생이 한 차원 높아졌음에
흐뭇한 사람이 한 명이라도 있다면 된 거니까.
평생 때가 꼬질꼬질하게 낀 수저통을 놓고 산다 해도
그것이 이상한지도 모르고 살아갈 남자들 속에
그래도 내가 있으니 다행이라는 생각이 든다.
그렇지. 내가 아니면 우리 집 수저들의 안위는 또 누가 책임지겠는가.

그것만으로도 나는 오늘 중요한 일을 했다는 기분에
조용히 힘을 내본다.

이게 뭐라고, 저 작은 수저통 하나가
오늘 나를 들었다 놨다 하는구나 싶은 생각에 헛웃음이 난다.

사랑하는 것밖에 모른다

엄마와 아이가 할 수 있는 일

너는 나를 사랑하는 것밖에 모른다.

그리하여 내가 늘 너의 옆에만 있어 주길 바라고,

늘 너만 바라봐 주길 바라고,

늘 너만 안아 주길 바라고,

늘 너의 이야기를 들어주길 바라고,

늘 너에게 웃어 주길 바란다.

나를 너무도 사랑하기에, 나를 사랑하는 것밖에 모르기에.

네가 할 수 있는 건 그저 나의 사랑을 확인받는 일뿐이기에…….

나는 너를 사랑하는 것밖에 모른다.

그리하여 네가 바르게 자라길 바라고,

네가 밥을 잘 먹기를 바라고,

잠을 오래 푹 자길 바라고,

타인에게 해를 끼치지 않기를 바라고,

나보다 나은 삶을 살기를 바란다.

너를 너무도 사랑하기에, 너를 사랑하는 것밖에 모르기에.

내가 할 수 있는 건

그저 너에게 좋은 부모가 되어 주는 일뿐이기에……

우리는 서로를 사랑하는 것밖에 모르는데

왜 이리 힘든 일이 많아지는지.

너와 평생을 함께 살 수 있다는 사실만으로도 행복해서

눈물이 흘렀던 때가 있었는데,

지금은 너와의 하루가 힘들어 눈물이 날 때가 있다.

엄마에게 사랑을 확인받지 못해 불안한 마음에 울며 잠든 아이와,

그런 아이가 너무도 아파서 까만 밤에

혼자 조용히 우는 엄마가 있다.

서로 사랑하기 때문이다.

사랑에는 어쩔 수 없는 아픔과 눈물도 있기에

아이의 눈물도 엄마의 눈물도,

어쩌면 우리의 삶에서 피할 수 없는 일인지도 모르겠다.

괜찮다, 괜찮다. 그저 사랑하는 것밖에 모르기 때문이다.

아무것도 할 줄 아는 게 없어
발만 동동 구르는 남편,

그런 남편에게 뭐라도 좀 해보라고
애가 타는 아내.

한없이 서툴렀던 초보 부모는
누구의 잘잘못도 아니건만

남편은 아내에게, 아내는 남편에게
상처 받고 눈물 흘렸다.

사랑하는 연인이 부부에서 부모가 되는 과정은
육아만큼 짠하다.

"사랑하는 연인이 부모가 되는 과정은
육아만큼 짠하다"

그래도
고마워요,
당신

애 좀 봐줘

엄마의 언어, 아빠의 언어

저녁 준비를 하거나 먹은 후 설거지를 할 때면 남편에게 말한다.
"애 좀 봐줘."
그러면 당신은 애를 본다.
두 눈으로 명확하게.
손끝 하나 건드리지 않고 정확하게 두 눈으로
아기를 '보기만' 한다.
이것이 당신과 나의 다른 언어 사용법이다.

이리 오랜 시간을 함께 살아도 이해할 수 없는 것이 있으니
바로 남편의 언어.
한 이불 덮고 사는 사이라 누구보다 각별하다고 자부하면서도
어쩜 이렇게 당신과 나의 언어는 다를 수가 있는지.
애를 봐 달라는 하나의 문장에 나는,
먹이고 씻기고 책 읽어 주고 놀아 주고 재워 주고 안아 주고
등등의 수많은 의미를 담아 보내지만
남편의 언어 안에서 애를 본다는 건

그저 '눈으로 본다'라는 의미

그 이상도 이하도 아닌 것이다.

눈으로 아기를 봤는데 울지 않고 있으면

자신은 아기를 잘 본 거라 생각한다.

그러니 이제 자신의 일을 찾아서 집중하면 되는 것이다.

그런 당신의 모습에 속이 터지고 가끔은 화가 나서

이 소리 저 소리 끌어와 잔소리를 해보지만

당신 역시 내 언어를 이해 못 하기는 마찬가지다.

"잘 노는데, 왜……?"

남편은 내가 왜 저러나 싶겠지.

본다고 해서 보는 것이 무엇이 잘못된 건지 이해하지 못하는 당신.

수년을 살다 보니 이런 말다툼이 부질없게 느껴진다.

이건 그 누구의 잘못도 아닌 것이다.

그저 우리가 서로 다른 언어를 사용하고 있을 뿐.

요즘 나는 부질없는 싸움을 멈추고

남편의 언어를 사용해 보기로 했다.

꽤 효과가 좋다.

예를 들자면 이런 식이다.
"내가 설거지를 하는 동안 아기 책을 세 권 읽어 준 뒤에
8시가 되면 목욕을 부탁해요."

남편은 내가 본인의 언어를 쓰기 시작하자 한결 편안함을 느꼈다.
그리고 남편도 어느 정도는 내 언어를 익히기 시작했다.
이를테면 붉으락푸르락하는 내 표정과 푹 내쉬는 한숨을 알아채고
내 눈치를 살필 줄 알게 된 것.

누구의 잘잘못이 아니다.
우리는 그저 다른 언어로 말하고 있을 뿐.
혹은 혼자 앉아서 쉬고 있는 남편의 모습이 보기 싫어
자꾸만 일거리를 찾아 만들어 내고 있는 건지도.

친애하는 남편님,
이런 화살을 피하고 싶으시거든
부디 마누라가 설거지를 할 때는
적어도 텔레비전은 정자세로
앉아서 봐주시길.

뭐라도 좀 해봐

초보 부모의 대화

"지금 뭐 하는 거야!"

툭하면 이 말이 튀어나오곤 했다.
아내의 날카로운 말 한마디에 당신의 넓은 어깨가 순간 움찔거린다.
이내 고개를 숙이거나 돌려 버리는 당신의 얼굴을
나는 차가운 눈빛으로 끝까지 좇는다.

아기를 향한 당신의 손길 하나하나가
왜 그렇게 마음에 들지 않는지.
이건 이렇게 해야 하는데 당신은 자꾸 엉뚱한 짓을 하고 있으니
혹시 육아에서 손을 떼고 싶은 마음에
일부러 엉성한 척 연기를 하는가 싶어 화가 났다.

"당신도 아빠잖아."

나는 모유 수유를 하는 것만으로도 너무 힘든데,

재우고 씻기고 갈아입히고 안아 주고 놀아 주고…….
이 모든 걸 나 혼자 다 하는 건 부당하다고 생각했다.
그래서 남편의 손길이 절실히 필요했지만
당신의 손길은 일을 망치는 데 더 효율적으로 움직였다.
답답하고 화가 나니 내 말은 자꾸 날카롭게 당신에게 튀어 나간다.

"뭐라도 좀 해봐."

내 남편이고 아이 아빠면 당장 뭐라도 해보라고,
우는 아기를 안은 채 따졌다.
그러나 당신이 할 수 있는 건 식은땀을 흘리며
발을 동동 구르는 것뿐이었다.
우는 아이를 달래는 능력도, 재우는 능력도, 젖을 먹이는 능력도 없었다.
'어쩜 저렇게 할 수 있는 게 하나도 없을까?' 하는 생각보다
'왜 이 많은 걸 오로지 나 혼자만 하도록 만들어졌을까?' 하는
의문으로 몹시 힘들었다.

"내가 할 수 있는 게 없잖아."

당신은 느릿한 말투로 말했다.
딴에는 잠든 아기를 울리면 안 된다는 생각에
목소리를 최대한 낮춘 상태다.

아기를 직접 재우지도 못하는 처지에
잠든 아이를 깨우기까지 하면 무슨 일이 생길지 훤히 다 아니까.
당신은 조금 겁을 내고 있는 것 같기도 했다.
커다란 덩치가 우스워 보일 정도로.

"많이 힘들지?"

목 놓아 빽빽 울던 아기를 간신히 재우고 옆에 쓰러지듯 누웠다.
금방이라도 눈물이 펑펑 쏟아질 것 같았는데,
그보다 하품이 더 많이 났다.
당신은 슬며시 나에게 다가와 양손으로 내 허리를 꾹꾹 누른다.
모유 수유로 골반이 틀어져
극심한 허리 고통에 잠을 잘 못 이루던 때였다.

"할 수 있는 게 없어서 미안해."

당신은 조용히 말했다.
힘들게 잠든 아기가 깰까 싶어 최대한 숨을 죽인다.
그렇다고 어깨까지 움츠리고 있을 필요는 없는데…….
아기 아빠로서 무엇을 해야 하는지 당신은 잘 모르고 있었다.
그리고 사실, 나도 그것을 잘 몰랐다.
그러니 답답해서 소리를 질렀다.

나를 이렇게 혼자 힘들게 놔두지 말라고 외쳤다.
결국 나는 혼자 우는 아기를 달래고
당신은 나에게 다가와 나의 아픈 허리를 달랜다.

할 줄 아는 게 없는 엄마와
무엇을 해야 할지 모르는 아빠의 전쟁 같은 육아 일상이
그렇게 하루하루 흘렀다.

지금도 우리는 여전히 할 줄 아는 게 없고,
무엇을 해야 할지 모르는 부모지만
그래도 용하게 잘 자라 주는 아기를 보니 그저 고맙다.
그저 고마워하는 것 외에, 내가 더 무얼 할 수 있을까.

할 줄 아는 게 없는 엄마와
무엇을 해야 할지 모르는 아빠의 전쟁 같은
육아 일상이 그렇게 하루하루 흘렀다.

우리 집에는 하숙생이 산다

나 역시 돈을 벌면 그의 어깨가 가벼워질까?

우리 집에는 하숙생이 산다.

늦은 밤 들어와 밥 먹고 잠자고,

다음 날 정확한 시간에 일어나 아침을 먹고 또다시 나간다.

그의 생활이 우리에게는 전혀 지장이 되지 않으므로

우리는 그와 자연스럽게 동거를 한다.

나는 그저 밥을 차려 주고 옷을 세탁해 주며

따뜻한 이부자리를 제공해 주기만 하면 되니까.

사실 무엇보다 큰 이유는,

그가 하숙비치고는 제법 많은 돈을 내고 있기 때문이다.

나와 내 자식을 먹여 살릴 궁리가 다 될 정도이므로

나는 마땅히 하숙생과 함께 산다.

아이와 저녁을 먹고 하숙생이 늦게 들어와 찾을지도 모르는

야식까지 준비해 놓은 뒤 뒷정리를 하고 설거지를 한다.

그러는 동안 혼자 열심히 노는 아기를 바라보다가
문득 그런 생각이 들었다.

'그리고 보니 우리 집에 아이의 아빠와 나의 남편도
살고 있었는데, 다 어디로 간 거지?'

먹고살려니까 하숙생임을 자처해야 하는 그도 딱하지만
남편과 아빠를 잃어버리고 하숙생과 함께 사는
나와 내 아이도 딱하긴 마찬가지.
처자식을 먹여 살리기 위해
처자식을 돌볼 겨를이 없는 남편, 그리고 아이의 아빠.
나 역시 하숙생 노릇을 하면 그의 어깨가 좀 가벼워질까.
하지만 그렇게 되면 갑자기 엄마의 반쪽을 잃어버리는
내 아이는 또 어쩔꼬.

오늘은 특별히 그가 좋아하는 돼지고기 김치찌개를 끓였다.
그리고 오후쯤 그에게 미끼를 던졌다.
김치찌개 국물이 끝내준다고,
참치가 아닌 돼지고기를 넉넉하게 썰어 넣었다고.
그는 오늘도 늦은 밤에 집에 왔다. 하지만 저녁은 먹지 않고 왔다.
내가 끓인 돼지고기 김치찌개를 먹기 위해서
일부러 저녁을 거르고 왔단다.

그 마음이 참 고마웠다.

하지만 앞으로 야근하는 날에는

맛있는 음식으로 유혹하지 않겠다고 다짐했다.

첫아이를 키우는 엄마의 장보기 방식

남편의 저녁 반찬의 행방

식사 준비를 하려고 냉장고 문을 열었다가
한참 동안 냉기를 맞으며 멍하니 서 있었다.
놀라울 정도로 냉장고 안이 텅 비어 있었기 때문이다.
주말 동안 친정에 가 있는 사이 누군가가 침입해
우리 집 냉장고를 다 털기라도 한 걸까.
냉장고가 이렇게 완벽하게 텅 빌 때까지 나는 무엇을 했던가.

곧장 아기를 업고 대형 마트에 갔다.
그리고 어김없이 '첫아이를 키우는 엄마의 장보기 방식'이 시작된다.

식품관의 청과물 코너로 간다.

아기가 먹을 식재료를 고른다.
국내산, 유기농, 친환경, 이런 글씨가 붙어 있는 걸 고른다.
가격보다는 제품의 신선도와 원산지를 따진다.

다음은 육류 코너로 간다.

아기가 거의 매일 먹는 소고기는 빠뜨릴 수 없는 필수 메뉴.
신선도가 절정인 국내산 한우,
가격보다는 고기의 질을 따져 제일 좋은 걸 골라
소량으로 구매한다. 딱 아기가 먹을 만큼만.
많이 사면 비싸니까.

유제품 코너로 간다.

아기가 먹을 우유와 치즈를 고른다.
치즈의 나트륨 함량과 우유의 칼슘 함량 체크는 필수.
성분을 꼼꼼히 따져 선택한다.

유아용품 코너로 간다.

우리 아기가 좋아해 줄 만한 놀잇감이 있는지 살펴본다.
이걸 사면 내가 집안일 할 시간을 얼마나 벌 수 있을지
한참 동안 계산해 본다.
결국엔 싸면 사고 비싸면 내려놓는다.

살 거 다 샀으면 신속하게 계산대로 향한다.

오래 돌아다니면 장바구니만 무거워지니까.

때마침 슬슬 시작되는 아기의 보챔에 신속하게

까까 하나 내어 드린다.

아기는 조용해지고,

나는 위풍당당하게 카트를 밀고 앞으로 나아간다.

힘이 다 빠져 계산대 앞에 서 있는데

문득 옆에 진열되어 있는 초코바가 눈에 들어온다.

남편이 초콜릿을 좋아했음을 떠올리며, 기꺼이 카트에 담는다.

(딱 한 개만 담는다. 많이 사면 비싸니까.)

역시 남편도 챙길 줄 아는 현모양처임을

스스로 칭찬하며 흡족한 마음으로 계산을 한다.

오늘도 장바구니는 꽉 찼고

내 지갑은 비었다.

'지갑이 가벼워지는 만큼

우리 아기가 묵직해졌으면……'

하고 바란다.

하지만 그 순간에도 남편의 저녁

반찬은 그다지 걱정되지 않는다.

남편은 아기가 태어남과 동시에

자신은 뒷전으로 밀려날 거라 말하곤 했다.

에이, 무슨 그런 소리를 하냐고,

그래도 우리 집 가장이고 나의 남편인데

내게는 당신이 최고이고 우선이라고,

그의 어깨를 쓰다듬으며 말하곤 했다.

아기를 낳기 전이었다.

아직 육아가 뭔지, 모성애가 뭔지, 반의반도 깨닫지 못했던 때.

그리고 지금 보니 나보다는 남편의 선견이 더 밝았음을 알 거 같다.

당신에게 조금은 미안해요.

하지만 일단 커야 할 사람부터 키워 놓기로 해요.

그의 외출
그깟 영화 한 편의 사정

"○○ 영화가 보고 싶다."

그가 말했다.

이상했다. 평소에 그런 말을 하는 사람이 아닌데.

"그럼 보고 와. 퇴근하고 혼자."

나는 그냥 아무 생각 없이 말을 던졌다.

정말 별생각 없이 한 말이었는데······.

"혼자서?"

그의 짧은 대답에 내 머릿속에는 많은 생각들이 쏟아졌다.

'이 남자, 그 영화가 진짜 보고 싶은 거구나. 혼자서라도.'

❋

"나는 아기를 낳은 뒤로 아무것도 할 수가 없어.

그러니까 오빠도 아무것도 하지 마."

육아를 시작하고 나는 그에게 종종 이렇게 말하곤 했다.

억울함을 담아 분통을 터뜨리듯이.

내가 나만의 시간을 박탈당했듯이
당신 역시 자기만의 시간을 강제로 반납하라는 나의 논리.

나는 그것이 당연한 거라 생각했다.
육아에 나 혼자 얽매이는 것이 몹시도 억울했던 거 같다.
그가 혼자 여유 있게 소파에 앉아
방영 중인 영화를 보고 있는 것만으로도 속에서 열불이 났다.
"당신, 세월 참 좋구려."
고작 영화 한 편 가지고 왜 그러느냐고 따지는 당신의 말은
내 마음에 불을 지폈다.

"나는 고작 그 영화 한 편 보는 게 소원이거든!"
그 말이 떨어지기가 무섭게 겨우 잠들었던 아기가
잠에서 깨 야단스럽게 엄마를 찾는다.
나는 더 따지지도 못하고 아기에게 퇴장한다.
남은 밤은 온전히 당신의 것. 그러므로 당신의 승리.

그해 겨울, 그는 직장 동료들과 당일치기로
스키장에 다녀오겠다고 말했다.
"당일치기로 다녀오는 건데……"
조심스럽게 눈치를 살피며 마누라의 의중을 떠보는 당신.

그 짧은 말 한마디에 그날 밤 그와 나는 둘 다 울었다.

나는 그가 그런 말을 했다는 게 너무나 서운해 울었고,

그는 나의 모진 말을 듣고서 마음이 아파 울었다.

그날 이후로 그는 혼자서 무언가를 하고 싶다는 말을 한 적이

단 한 번도 없었다.

❇

"금요일인데 혼자 영화 보는 건 좀 그렇지 않을까?"

이렇게까지 말하는 걸 보니

그의 마음은 이미 90퍼센트 이상 극장에 가 있는 듯하다.

이제 와 내가 말릴 수 있는 것이 아니었다.

싫은 건 딱 잘라 싫다고 말하는 그라는 걸 알기에.

"괜찮아-."

마누라의 '괜찮다'라는 말을 수차례 듣고 나서야

그는 안심이 된 듯 그러겠다는 대답을 했다.

이렇게 그의 첫 외출이 성공적으로 이루어졌다.

결혼 후 3년 만에 처음이었다.

첫 외출을 한 그는 영화를 보는 내내 무슨 생각을 했을까.

상쾌함? 자유로움? 혹은 불안함이나 걱정?

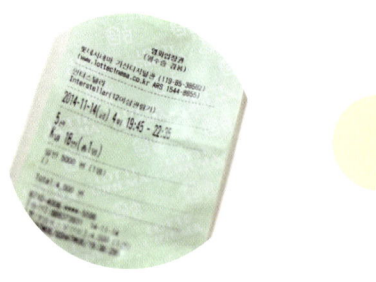

"영화 생각."

그의 대답은 역시나 간결했다.

그러니까 영화 보는 동안 마누라와 자식 생각까지

하기를 바라는 건 내 욕심인 건가.

당신의 첫 외출을 축하합니다.

하지만 당분간 두 번은 어려울 거 같아요.

뉴스 중독
내가 없는 세상 이야기

밤 10시, 스포츠 뉴스와 일기 예보까지 꼼꼼하게 본 후
당신은 텔레비전을 끈다.
그것도 어쩌 아쉬움이 한가득 담겨 있는 얼굴로.
마누라 눈치를 살펴도 소용없는 일이다.
우리 사이의 약속을, 어쩔 수 없이 지켜야 하는 당신이니까.

＊

나는 원래 텔레비전 보는 걸 좋아하지 않아
아이와 집에 있을 때 틀 일이 거의 없다.
남들에게는 아이를 위한 거라며 좋은 엄마 행세를 하기도 하지만,
사실은 나 스스로 견딜 수가 없다.
시끄럽고 머리 아프고, 텔레비전을 보는 일이
오히려 스트레스가 되니 틀고 싶어도 틀 수가 없는 거다.

하지만 나와는 다르게 텔레비전 없이는 못 사는 당신.
결혼 전 당신의 유일한 취미이자 낙이

텔레비전 보는 것일 정도로

당신의 텔레비전 사랑은 뜨거웠다.

내가 조용한 공간에서 책 읽기를 좋아하듯

당신의 거의 유일한 취미 생활 역시 존중받아 마땅하지만,

그래도 우선은 아이를 생각해서 텔레비전 시청은

자제하기로 합의를 보았다.

온전히 아이를 위해서 우리는 약속을 했다.

나도 어차피 뉴스는 봐야 하니

퇴근 후 집에서는 뉴스만 시청하기로.

그날부터 당신은 매 시간대의 뉴스를 섭렵하기 시작했다.

아기보다 일찍 일어나 여유롭게 아침 뉴스 시청을 시작으로

퇴근 후 저녁 7시, 8시, 9시……

스포츠 소식과 일기 예보까지 샅샅이 보고 나서야 텔레비전을 끈다.

나는 하루에 한 시간 뉴스 시청을 생각했던 건데,

나보다 한 수 위의 생각을 하는 당신. 아뿔싸.

"오빠는 뉴스 중독 같아."

"아니야, 내가 안 보는 사이에 무슨 일이라도 생기면 어떻게 해."

설마 그럴 리가.

아니, 또 그러면 어때서.

✳

종일 밖을 바라보다 집에 들어온 당신은 여전히

텔레비전을 통해 밖을 바라본다.

당신의 시선은 왜 늘 안쪽이 아닌 바깥쪽을 향해 있는지,

그것을 이해할 수 없었다.

하지만 가끔은 안쪽만 들여다보고 있는 나 혼자

세상으로부터 고립된 듯한 기분이 들어 덜컥 겁이 나기도 한다.

현관문을 열고 나가면 내가 알고 있던 세상이 아닌

마치 다른 세상으로 바뀌어 있을 듯한 기분.

내가 아기와 집에 있는 사이 세상은 얼마나 많이 바뀌었을까.

집 밖을 나서 저 세상 속으로 다시 들어갈 수 있을까.

자신이 안 보는 사이 사소한 일이라도 생기는 걸

용납할 수 없다는 당신과,

내가 안 보는 사이 다른 세상으로 바뀌었을까 두려워

문도 못 여는 마누라.

한집에 사는, 너무도 다른 당신과 나.

친애하는 당신에게

부쩍 까칠해진 아내가

당신,

제가 요즘 부쩍 짜증이 늘었죠.

근래 심신이 아프다는 이유로

마누라의 짜증 지수는 점점 더 치솟고

안 그래도 예민한 성격은 절정에 이르고 있어요.

하지만 생각해 보니

제 몸이 안 아픈 적이 없었던 거 같기도 하군요.

늘 "아프다, 힘들다." 입버릇처럼 하는 말을 모두 받아 주고

더불어 투정과 짜증까지 온몸으로 받아 내주는

당신께 새삼 고마움을 전합니다.

어제도 제가 힘들어하는 모습을 보고

당신은 목욕을 한다는 핑계를 대고

조용히 욕실로 들어가 열심히 바닥 청소를 했죠.

욕실 바닥이며 벽을 솔로 열심히 닦았어요. 벅벅. 꽤 오랫동안.

그리고 맑은 웃음으로 저를 향해

늘 고마워요.
덕분에 항상 즐겁습니다.

"내가 욕실 청소 다했어!"라고 말하는 당신의 모습은
사랑스럽기 그지없었습니다.

하지만 저는 그 밝은 미소에 또 한 번 버럭, 화를 내고 말았네요.
미안해요. 다 저의 소양이 부족한 탓입니다.

당신이 '헤어 샴푸'를 바닥에 왕창 짜내어 만든 풍부한 거품으로
욕실 청소를 하든 말든,
덕분에 바닥이고 슬리퍼고 죄다 미끄러워
도저히 서 있을 수 없는 지경을 만들어 놓았다고 하더라도,
웃으며 당신의 노고를 청찬해 드렸어야 했는데 말이죠.

우리는 결국 화장실 청소를 다시 했어요.
베란다에 있던 '욕실 세정제'로 말이죠.

그래도 늘 고마워요.
덕분에 항상,
즐겁습니다.

엄마도 처음이라서 그래

그러니까 내가 소리치는 건

육아에도 역지사지가 필요하다

당신과 나는 자연스럽게 역할 분담을 한다.
누가 그렇게 하자고 정한 것도 아니고
서로에게 시킨 것도 아니지만 언젠가부터 그렇게 되었다.
예를 들자면 내가 식사 준비를 하는 동안 당신은 아이를 보고,
당신이 식사를 하는 동안 내가 아이를 본다.
내가 설거지를 하는 동안 당신은 청소기를 돌리고,
내가 아이와 씻으러 들어가면
당신은 뒷정리를 하고 쓰레기를 버리고 온다.

엄마 아빠와 번갈아 가며 놀이를 하는 아이는
자연스럽게 상대에 맞는 행동을 할 줄 알게 되었다.
그러니까 24시간 밀착하여 자기를 기르고 먹이는 데
전력을 소비하는 엄마에게는
적당히 눈치도 보며 그만큼 말도 잘 들어주는 편이다.
그러나 하루에 단 몇 시간만을 함께하는 아빠는 주로 놀이 담당으로,
아빠에게는 자기의 의사를 강하게

주장하며 고집을 쉽게 꺾으려고 하지도 않는다.
그럼에도 당신은 그저 묵묵히 아이를 보고,
묵묵한 남편 대신 나의 잔소리만 점점 늘어 간다.

가끔은 욱해서 버럭 하는 마누라에게
남편은 조곤조곤한 목소리로 말한다.
"목소리를 좀 낮추고 마음을 가다듬어 봐."
그 말에 내 목소리는 조금 낮아지지만
마음은 쉽게 가다듬어지지 않는 건
당신이 아직도 뭘 모르고 하는 소리처럼 느껴지기 때문이다.

감기에 걸려 누워 있던 주말, 당신은 종일 아이를 담당했다.
밥을 해 먹이고 씻기고 놀아 주고 쫓아다니다 해가 저물었다.
당신의 목소리는 점점 인내심을 잃어 가고,
마침내 버럭 큰소리가 터져 나왔다.

"야! 야! 안 돼!"

점점 평정심을 잃고 톤이 거칠어져 가는
당신의 음성을 듣고 있자니
나는 엉뚱하게도 웃음이 난다.

아이에게서 한 발짝 멀어지니 나는 여유로워지고,
아이에게 가까워진 당신은 조급해졌다.
그 상황이 우스워 또다시 웃음이 난다.

"뭘 그런 거 가지고 그래. 애가 다 그렇지."
나는 오히려 느긋한 목소리가 되어 당신을 나무란다.
"그러니까 애가 지금 '어쩌고저쩌고' 그랬단 말야!"
당신은 아이와 다름없는 어리광쟁이처럼,
혹은 소심한 마누라처럼,
나에게 이런저런 고자질을 한다.

아이에게서 한 발짝 멀어지니 나는 여유로워지고,
아이에게 가까워진 당신은 조급해졌다.
그 상황이 우스워 또다시 웃음이 난다.

늘 천사표 역할을 자처하던 당신,
그러니까 직접 한번 해보니 만만치 않죠.
나도 하루에 세 시간만 아이를 본다면
그 시간만큼은 오로지 미소 천사가 될 자신이 있어요.
그러니까 직접 해봐야 알 수 있다니까요.

엄마도 처음이라서 그래

당신의 속옷이 나에게 온 날
속옷 빠는 아내의 마음

결혼 후 처음으로 '회의'를 느낀 순간은,
남편의 팬티를 빨래 건조대에 널 때였다.
싸움과 눈물 바람으로 얼룩진 신혼여행과
내가 만든 반찬을 죄다 남긴 남편과 말다툼을 했던 첫 식사 시간에도
결혼에 회의까지는 품지 않았던 거 같다.
오히려 앞으로 우리의 희망찬 미래에 대해
열심히 궁리하느라 바빴다.

그런데 이상하게도 남편이 출근하고
텅 빈 집에 홀로 남아 빨래를 너는 그 순간에
'이놈의 결혼 따위를 굳이 할 필요가 있었던가'에 대한 고민이
난데없이 들이닥친 것이다.

한번 휘몰아친 생각은 걷잡을 수 없이 커져서
내가 고작 이딴 팬티나 조몰락거리려고
그렇게 많은 공부를 하며 일에 열정을 투자했던가 하는 생각까지 들어

온전히 서 있기도 힘든 상태가 되고 말았다.

나는 남편의 속옷 따위는 세탁 바구니에 다시 던져 넣었다.
그까짓 것 당장 건조대에 안 넌다고 뭔 일 생기겠나 싶었다.
아니, 사실 뭔 일이 생겨도 상관없다는 심보였다.
나는 적어도 남의 속옷을 세탁하는 일보다는
더 거창한 일을 하며 살 거라 자부했고,
그런 생각으로 열심히 공부도 하고 일도 하며
나름대로 부모님의 기대에 부응하는 멋진 딸이 되고자
노력해 왔기 때문이다.
그런 나에게 덜컥 던져진 당신의 사각팬티는, 가혹하기 그지없었다.

오늘도 나는 빨래를 한다.
하루에 수도 없이 몰아쳐 오는 빨랫감 속에서
당신의 속옷 역시 수없이 쏟아져 나온다.
탁탁 털어 순식간에 건조대에 척척 널고,
마른 빨래들을 착착 개어 옷장에 정리하는 나의 손길은
이것이 팬티인지 뭔지 구분할 틈이 없다.
그저 이것들은 최대한 빨리 처리해야 하는 나의 일거리일 뿐이다.
아이가 잘 노는지, 울지는 않을지,
갑자기 엄마를 찾으며 다리에 찰싹 달라붙지는 않을지,
잔뜩 경계하고 긴장하며 일을 하다 보니

그중에 당신의 속옷이 몇 장이나 들어 있는지
헤아릴 정신조차 없는 것이다.

하지만 그보다 더 심각한 건,
나를 그토록 깊은 회의감에 빠지게 했던 가혹한 당신의 팬티에서
가끔은 이상한 연민 같은 것이 느껴지기도 한다는 것이다.
내가 사랑하던 연인이었고,
두 손 맞잡고 달콤한 미래에 대해 속삭이며
나에게 검은 머리 파뿌리가 될 때까지 사랑할 것을
약속한 남자였던 당신에게서
양어깨를 묵직하게 짓누르는 삶의 무게가
느껴졌던 순간부터였을 거다.

당신은 가장이라는 이름으로 그 무게를 묵묵하게 짊어지고 있었다.
그리고 그 무렵부터 나는 당신의 팬티를 세탁하는 일이
그다지 가혹하지도 야속하지도 않게 느껴졌다.
그저 속옷이라도 깔끔하게 세탁해서 입혀 내보내고 싶은 마음이
점점 자라는 걸 보니
나도 조금씩 사랑의 무게 안에 담긴
삶의 무게를 느낄 나이가 되어 가는 모양이다.

당신의 속옷이 나에게 온 날,

당신은 나만의 남자에서 우리의 남자가 되었다.

사치

누군가에게는 부러운 일상

분수에 지나친 생활.

그래, 이건 사치인가 보다.

*

한 손에 커피 들고 유모차 끌며 산책하는 건 내 로망이니까,

나는 마침내 일 년을 미루고 미뤄 왔던 유모차 컵 홀더를 샀다.

어쩐지 비싼 걸 사기에는 아까워 고른 제일 싼 컵 홀더.

싼 게 비지떡이라고 했던가.

웬 비지떡이 우리 집에 도착했다.

요상한 부품들을 "영차" 하며 조립한 뒤 유모차 손잡이에 끼우려는 순간

컵 홀더는 산산조각이 되어 날아갔고 스프링은 멀리 튕겨 나갔다.

화가 나기보다 웃음이 먼저 났다. 하도 어이가 없어서.

전화로 따질까, 환불을 할까, 별생각을 다 하다가 그냥 두었다.

컵 홀더 대신 비지떡을 산 내 잘못도 크니까.

✳

점점 자기주장이 강해지는 아기를 돌보는 일에

벽을 느끼며, 나는 또다시 책을 들었다.

이론과 현실의 괴리는 어마어마하다는 걸 잘 알지만

그래도 내 육아 소신을 세우는 데 힌트라도 얻을 수 있지 않을까 싶어서.

사실은 책마저 보지 않으면 내 마음을 다스릴 곳도,

힘을 얻을 곳도 없기에,

조금은 간절한 마음으로 너와 나에게 도움이 될 만한 책을

골라 읽기 시작했다.

하지만 몇 주째 책갈피는 늘 같은 자리다.

우리의 행복을 위해 기꺼이 선택한 책인데,

너는 내 책을 보면 빼앗아 구기거나 찢기 바쁘다.

아기를 위해 손에 잡은 책의 최고 방해자가

바로 아기가 되어 버린 이상한 상황.

이마저도 할 수 없으니 나는 너를 위해 무얼 해야 좋단 말이냐.

컵 홀더는 비지떡으로 변신을 하고,

커피는 늘 하던 대로 집에서 원샷,

책은 너의 침으로 죽이 되어 가고,

책갈피는 늘 같은 자리……, 아…….

그저 아무렇지도 않게 해오던 나의 일상들,

그래서 무언가를 한다는 것 자체도 느끼지 못했던 소소한 시간들이

어느 순간 나에게 사치가 되었다.

그저 커피 한 잔 마시며 책 한 권 읽고 싶을 뿐인데,

그게 그토록 어려운 일이 될 줄이야.

그 호사 한번 누려 보겠다고 첩보 영화 뺨치는 작전을 펼쳐 보지만,

작전 성공도 전에 지쳐 버린다.

카페에 앉아 커피 한 잔 시켜 놓고 책을 읽고 있는 어느 누군가가

이토록 부러워질 줄은 미처 몰랐다.

그래도 나를 위로하는 건,

지극히 소소하던 시간들이 사치의 시간으로 바뀐 순간

그것의 가치도 훌쩍 높아졌다는 것이다.

5장. 그래도 고마워요, 당신

그리고 또 어느 누군가는

지금의 나를 그토록 부러워할지도 모른다는 것.

달콤한 커피 한 잔과 잠깐의 여유에 감사할 줄 아는

내가 되어 간다.

결혼하고 싶다
다시 찾고 싶은 그날들

아이와 함께 주말 나들이를 갔던 날,
웨딩 촬영을 하는 연인의 모습이 눈에 들어왔다.
꽃 피는 봄날이라 그저 가만히 서서 사진만 찍어도 예쁜데
새하얀 웨딩드레스까지 입은 신부의 모습은
너무 아름다워 눈이 부셨다.

주변에 만발한 꽃보다 더 화사한 봄의 신부에게
한동안 눈을 뗄 수가 없었다.
저 신부는 지금 아마도 세상에서 가장 예쁜 사람이겠지.
그녀 스스로에게도, 그리고 그녀의 남자에게도…….
그리고 나 역시 이렇게 예쁜 봄의 신부였다는 사실이,
새삼스럽게 떠올랐다.

"결혼하고 싶다."

내 입에서 뜬금없이 튀어나온 말에 남편은 흠칫 놀라며 쳐다본다.
"결혼을 해놓고 뭔 결혼을 또 해?"
어이없다는 표정으로 맞받아친 남편의 말이 천 번 만 번 맞지만,
나는 어쩐지 남편의 말에 수긍하고 싶지 않았다.

"왜? 결혼 또 하면 안 돼?"
나는 말도 안 되는 말을 하며 되받아쳤고,
남편은 그야말로 '말도 안 되는 소리'라며 내 말을 무시했다.

그는 '결혼하고 싶다'는 내 말의 뜻을 잘 모르는 거 같았다.
지금의 결혼을 후회한다는 뜻도 아니고,
다른 사람과 다시 결혼하고 싶다는 뜻도 아니다.
나는 그저 세상에서 가장 예뻤던 봄의 신부로
다시 돌아가고 싶은 것뿐이다.
그리고 그 시절 나를 잠 못 이루게 했던 연애에 대한 설렘을,
다시 찾고 싶었다.

내 아이를 사랑하고 내 남편을 사랑한다.
남편과 아이와 함께하는 지금의 내 삶이 행복하고 또 행복하다.
혹시나 꿈이 아닐까, 깨어나면 다 사라지는 게 아닐까,
너무 행복해서 가끔은 두려운 생각이 들 정도로.

그러나 나는 가끔,

내 남자에게 세상에서 다시없는 예쁜 여자이던 때가,

서로 눈만 마주쳐도 웃음이 흘러나오던 수줍은 연애를 하던 때가,

결혼을 약속하며 앞으로 다가올 미래에 대한 설렘으로 밤잠 설치던

'그때'가,

그립다.

이해하기 싫은데?
남편은 야근 혹은 회식 중

어제 오후, 당신에게서 메시지가 왔습니다.
회식을 하게 되었으니 이해해 달라는 당신의 말.
물론 나는 당신의 회식을 이해합니다.
하지만 나는, 당신의 회식을 이해하기 싫습니다.

✳

매일 야근을 하다가 하루 정도 안 하게 되면
곧바로 가족의 품으로 돌아와 주면 좋으련만.
귀한 칼퇴근이 회식으로 날아가 버리는군요.
그리하여 결국 평소 야근하는 날보다 더 늦게 귀가한 남편.
하기야 그 누구보다 집에 오고 싶은 건 당신이겠죠.
술과 안주 대신 집에서 따뜻한 마누라의 밥이 더 먹고 싶은 건
당신이겠죠.

그러니 내가 누굴 탓할 수 있겠습니까.
당신의 어쩔 수 없음을, 물론 이해하고말고요.

하지만 머리로는 이해를 하면서도
마음으로는 이해하기가 싫은데 어쩌죠.

당신도 늦고 밥을 차릴 이유도 없으니
내 저녁은 또 먹는 둥 마는 둥 대강 넘어갑니다.
"내가 살이 안 찌는 이유는 다 오빠 때문이야."
말도 안 되는 소리를 하며
어린 아들과 별 다를 바 없는 떼를 써보기도 합니다.
"말도 안 되는 소리."
이런 남편의 반응을 뻔히 알면서도 나는 자꾸 떼를 부립니다.
당신도 힘들다는 거 알면서…….

낮에 장을 보며 당신이 좋아하는 홍합을 샀습니다.
시원한 홍합탕을 끓여 당신과 먹을 상상을 하면서요.
하지만 나는 회식을 하고 온 당신을 위해
따끈한 감자전을 준비해 놓았습니다.
술 마시고 속이 느글거릴 당신을 위한 나의 마음이에요.

다 먹어 줘서 고마워요, 당신.
나도 철 좀 들도록 노력할게요.
(오늘은 꼭 홍합탕 해먹어요, 우리.)

어려서부터 나는 엄마바라기였다.

언제나 엄마 뒤를 졸졸 따라다녔고,
엄마의 관심을 끌기 위해
언제나 동생과 경쟁을 했다.

한 아이의 엄마가 된 뒤에도,
나는 여전히 엄마를 찾는다.

"엄마, 나 좀 봐봐!" "엄마 나 어떡해?"

이 철없는 엄마는
엄마가 되어서도 엄마가 되지 못했다.

엄마,
나도 이렇게
예뻤어?

너 역시 내가 그러했듯이

엄마만 찾는 네가 야속했던 날

생각해 보니,

어렸을 적 나는 무척이나 엄마 집착이 심한 아이였다.

늘 엄마 손을 잡고 다니며 엄마 품에만 안겨 있으려 하고

잘 때도 엄마가 없으면 서럽게 울었다.

자다가도 깨서 엄마만 찾았다.

늘 바쁜 엄마가 행여나 또 날 두고 갈까 봐 불안하여

자다가도 실눈을 뜨고 살폈고

엄마가 어디 못 가도록 손을 꼭 붙들고 있었다.

아프기라도 한 날이면 엄마바라기는 더욱 심해져서

내 몸과 마음은 100퍼센트 엄마에게 향하곤 했다.

엄마, 엄마, 엄마.

나는 엄마 없이는 아무것도 하기 싫고,

아무것도 할 수 없는 꼬마였다.

✸

지난밤에 유난히 보채며 엄마를 찾던 너.

너의 이른 잠에 오랜만에 주어진 자유 시간을 기뻐하던 것도 찰나

자다 깨서 울며 엄마 찾기를 계속 반복한다.

남편은 내 눈치를 보다가

슬며시 아기 옆에 누워 다시 재우려고 애를 쓴다.

그러나 소용없다. 엄마가 아니면 그 누구도 안 된단다.

잠결에 눈도 못 뜨고 우는 아기는

아빠의 손길과 엄마의 손길을 명확하게 구분하고

아빠의 손을 밀어 낸다.

엄마, 엄마, 엄마.

엄마만 찾으며 우는 네가, 어젯밤에는 조금 야속했다.

✸

그러나 왜 나는,

나 역시 애타게 엄마만 찾으며 울던 꼬마였다는

사실을 잊고 있었는가.

내가 그러하듯 나의 아기 역시 엄마만 찾는 것이 당연한 일인데.

나는 아직도 엄마만 찾던 꼬꼬마 적 습관을 버리지 못하고 있거늘……

6장. 엄마, 나도 이렇게 예뻤어?

엄마, 엄마, 엄마.
늘 엄마만 찾던 아이.

오늘은 유난히
당신이 생각난다.

나 역시 그런 자식임을

엄마는 엄마니까 괜찮을 거야

"제발 빨리 좀 와. 나 아파 죽겠어!!"
오기로 한 친정 엄마가 빨리 도착하지 않자
나는 전화기에 대고 죽어 가는 목소리로 외쳤다.
그런 내 옆에서 아기는 나를 붙들고 늘어져 내가 그러하듯 칭얼거린다.

아……, 애야.
엄마 아파. 아프단 말이야.
제발 엄마 아플 때만이라도 가만히 놔두렴.

엄마가 감기에 걸려 아프든 말든
그저 자기만 봐 달라고 우는 아기를 억지로 달래며
누운 것도 아니고 앉은 것도 아닌 상태로
간신히 몸을 지탱하고 있었다.
'아무리 어려도 엄마가 아프다는 것쯤은 알지 않을까?' 하고
생각하니 괜스레 네가 얄미워졌다.

그사이, 집에 도착한 친정 엄마는 커다란 마스크를 쓰고 있었다.
"그게 뭐야?"라고 물으니 감기란다.

"엄마도 감기에 걸린 거야? 그러면 집에서 쉬지 뭐하러 왔어."

말은 그렇게 해놓고 친정 엄마가 오자마자
곧바로 방으로 들어가 이불 속에 눕는다.

엄마도 감기랬지.
하지만 내가 더 아픈걸……
엄마는 엄마니까 괜찮을 거야.

엄마는 엄마니까.
감기에 걸려도 아픈 딸내미와 손주를 돌보러
찬바람 맞으며 버스 타고 온다.
엄마니까.

엄마가 아프든 말든 자기만 봐 달라고
징징거리는 네가 얄미우면서도
나 역시 우리 엄마에게 그런 자식임을, 인정하지 않을 수가 없구나.

엄마도 처음이라서 그래

나 역시,

너에게 그런 엄마가 될 수 있을까?

이제 좀 앉아

엄마 없는 가족 식사

"이제 좀 앉아!
뭐가 그렇게 할 일이 많아?"

식사 시간마다 나는 엄마에게 다그치듯 말하곤 했다.
다 같이 밥을 먹는 동안에도 늘 엄마만 혼자 주방에 서서 바쁘니까.
가족의 식사 시간에 함께 어울리지 '않는' 엄마가
이해되지도 않았으며 이해하기도 싫었다.
"이제 좀 앉아서 밥 좀 먹어, 혼자 그러지 말고."
나는 엄마에게 말하곤 했다.

하지만 나는 엄마가 함께 앉지 '않는' 것이 아니라
앉지 '못하는' 것이라는 사실을 몰랐던 거다.
배고픈 가족들의 식사를 빨리 준비해야 하고,
혼자서 다 준비하기에는 해야 할 일이 너무 많으므로
가족들이 함께 모여 식사를 하는 내내
엄마의 식사 준비는 끝나지 않았던 거다.

"이제 좀 앉아."라고 다그친 줄만 알았지
엄마가 앉을 수 있도록 식사 준비를 도울 줄은 몰랐던 나.

엄마가 된 나는 가족들이 식사를 하는 내내
주방에 서서 식사 준비를 한다.
"뭐가 그렇게 할 게 많아? 이제 좀 앉아."라고 말하는 남편과
엄마를 찾는 아이의 칭얼거림에 대꾸할 시간조차 없다는 걸
이제는 알게 되었다.
하지만 식사 준비를 굳이 자식과 남편에게 도우라고 하고 싶지는 않았다.
나의 엄마가 늘 혼자서 그 많은 식사 준비를 다 하신 이유 역시,
이제 알게 되었다.

그리고
여전히 앉지 못하는 당신.

이제 좀 앉아.

혀를 깨물다
어느새 당신을 닮아 가다

"왜 그렇게 급하게 먹어?
천천히 좀 먹을 수 없어?
나까지 마음이 급해져서 못 먹겠잖아."

친정 엄마와 식사를 하다가
나는 또 참지 못하고 한마디를 하고 말았다.
엄마는 묵묵부답, 억척스럽게 밥을 입에 넣는다.
어휴, 그 모습이 답답하여 한숨을 내쉬어 봤자
엄마는 꿈쩍도 하지 않는다.
아줌마는 다 저런가 싶다가도
나는 나중에 절대 저런 아줌마는 되지 말아야지 다짐하며
옆에서 우아하게 젓가락으로 밥을 떠서 입에 넣는다.

친정 엄마의 식사 습관은 그렇다.
밥그릇을 들고 순식간에 입안으로 털어 넣는데,
그 모습이 꼭 진공청소기가 빨아들이는 것 같다.

'과연 씹기는 하는 걸까?' 하는 의구심이 드는 사이
엄마의 밥그릇은 어느새 텅 비어 있다.
그나마 앉아서 밥을 먹는 일도 거의 없다.
싱크대에 붙어 선 채로 밥그릇을 손에 들고
입에 쏟아 넣듯이 먹기 일쑤니까.

씹지도 않고 삼키기만 하는 것 같아
엄마의 소화 기관이 걱정되기도 했지만
딱히 소화 불량이 나타나지도 않는 걸 보며
엄마의 위는 참 대단하다는 생각을 했었다.

그래도 포기하지 않고 나는 밥상에서 늘 엄마에게 반복해서 말했다.
제발 밥 좀 천천히 우아하게 먹자고.

✳

오늘 밥을 먹다가 또 혀를 깨물었다.
지긋지긋한 고질병.

언젠가부터 나는 밥을 먹을 때마다 자꾸 혀를 깨문다.
하도 그러니 남편은 옆에서 "또야?" 이러고 만다.
함께 밥을 먹던 아이도 "엄마, 아야?" 하고는
다시 제 밥그릇을 헤집는 데 몰두한다.

"천천히 좀 먹어. 급하게 먹으니까 그렇지."

남편은 국그릇에 시선을 고정한 채
숟가락으로 국물을 뜨며 태연한 목소리로 말한다.
가만이나 있으면 밉지나 않지.
차라리 조용히 식사나 해주는 게 낫다는 걸 모르는 당신.

그러는 사이 아이는 제 숟가락으로
식판 위에 담긴 음식들을 마구 헤쳐 놓더니
사방으로 던지기 시작한다.
입안에 통증을 그대로 담은 채 너의 행동을 말리고,
너를 닦인 다음, 사방으로 튀어 나간 밥과 반찬들을 닦는다.
그러는 동안 남편의 시선은 여전히 국그릇을 향해 있다.
나는 그 와중에도 식어 가는 내 밥과 국이 신경 쓰이니
크게 한술 떠서 기어코 입에 넣고 만다.
그리고 곧바로 너의 입에도 한 입 넣어 주고.

늘 같은 모습으로 반복되는 식사 시간,
밥이 반쯤은 입 대신 코로 들어가고,
가끔은 젓가락 대신 손이 먼저 나가고,
또 밥 대신 혀를 깨물기도 한다.
어찌 보면 혀를 안 깨물고 제대로 밥을 먹는 게 더 신기할 지경.

나도 그렇게 억척스럽게 밥을 먹는 아줌마가 되어 가는 모양이다.

우리 엄마처럼.

밥 해 먹이는 사람들

내 아이를 향한 밥걱정

또 감기가 찾아온 모양이다.

어쩌서 이렇게도 자주 아픈지, 몸이 으슬으슬 떨리고 기운도 없고.

마냥 이불 속에 누워서 잠만 자고 싶은 마음이다.

이쯤 되면 밥 먹는 것도 귀찮아진다.

아침부터 친정 엄마는 아픈 딸과 손주를 구조하러

부리나케 달려왔다.

엄마가 오자 나는 마음 편히 이불 속에 들어가 눕는다.

세상에, 천국도 이런 천국이 없다.

절로 잠이 쏟아진다.

정말 감기인지, 아니면 감기이고 싶은 건지.

아, 모르겠다. 나는 그냥 잠을 청한다.

✽

어쩐 일인지 아기는 아침부터 보채고 밥 먹기를 거부했다.

엄마가 입맛이 없으니 아기도 그런 건지,

아니면 엄마한테 감기가 옮은 건지.

나 역시 입맛이 없어 못 먹고 있지만,

애는 어떻게든 해 먹이겠다고 반찬을 만들고 국을 끓인다.

그것도 싫다는 아기.

볶음밥을 하고, 새로운 반찬을 또 만든다.

하지만 아기는 이도 저도 다 싫단다.

입맛이 없는 모양이구나 싶어서 소고기야채죽을 끓이기 시작한다.

아기 밥상 위에는 새로운 밥들이 자꾸 쌓여 갔으나

아기는 어느 것에도 관심을 갖지 않는다.

친정 엄마는 다 관두고 너나 먹으라며 성화다.

그러고 보니 아프다, 귀찮다 핑계로

지금까지 한 끼도 먹지 않은 것이 생각난다.

친정 엄마는 아파서 입맛 없는 딸내미를 먹이겠다고

밥을 하고, 국을 끓이고,

요리를 하느라 분주하다.

"이거 먹을래? 저거 먹을래?" 귀찮게 묻는 엄마에게

"싫어. 안 먹어. 입맛 없어." 딱 잘라 대답한다.

그래 놓고 나는 내 자식 먹일 죽을 끓인다.

종일 밥을 안 먹었으니 얼마나 배가 고플까 싶어

마음이 좋지 않다.
뭐라도 먹여야겠다는 생각에
아기가 좋아하는 과일도 잘라 주지만 역시 소용이 없다.
속이 타들어 간다.

"도대체 왜 밥을 안 먹니? 응? 엄마가 만든 건데 조금이라도 먹어 봐."

엄마의 간절함이 통했는지
아기는 새로 끓인 죽 한 그릇을 먹어 주었다.
그렇게 해 먹이고 나니 그제야 안도감이 찾아온다.
드디어 할 일을 했구나, 싶은 뿌듯함도 들고.

"야, 이제 너 좀 먹어라!"

문득 돌아보니 어느새 내가 좋아하는 달걀말이와 두부조림을 해놓고
밥상을 차려 놓은 친정 엄마.

그러는 당신은, 밥을 먹었을까, 종일.

우리는 오늘,
자기 자식에게 밥을 해 먹이느라 전쟁 아닌 전쟁을 치렀다.

짜증을 낼 수 있는 이유

손주는 할머니 편

딸자식 집에 찾아와 청소며 요리며, 손주 돌보는 일에

여념이 없는 내 엄마.

그럼에도 나는 뭐가 그리 불만인지 늘 엄마한테 투정을 부린다.

엄마를 향한 투정과 짜증의 이유도 모르는 채

스스로도 못난 딸이라고 여기며

그날도 나는 내 엄마에게 언성을 높이며 짜증을 내고 말았다.

"그건 그렇게 하는 게 아니라니까."

엄마의 살림과 육아 방식이 마음에 안 들면

내가 직접 하면 되는 거지,

그걸 엄마에게 시켜 놓고 마음에 안 든다며

짜증을 내고 있는 건 뭐람.

하지만 그날은 내 뒤통수를 치는 듯한

황당한 사건 덕분에 정신이 번쩍 들었다.

내가 친정 엄마에게 화를 내자

아기가 갑자기 벌떡 일어나더니
나에게 소리치며 화를 내는 게 아닌가.
그것도 두 번이나.

아직 말도 못 하는 아기의 외침 안에는
'우리 할머니한테 소리치지 마!'라는
강력한 항의의 의미가 담겨 있었다.
아기는 그러고도 분이 안 풀리는지
나에게 달려와서 내 다리를 때리고는
다시 자기 할머니에게 돌아갔다.
황당하다 못해 뒤통수를 맞은 것처럼 머리가 아찔했다.

내 엄마는, 아이의 외할머니는, 그저 웃기만 한다.
늘 그랬던 것처럼.

✳

너는 나에게, 그리고 나는 내 엄마에게
이유 없이 짜증내고 투정을 부릴 수 있는 건
당신은 언제나 이유 없이 나를 받아 준다는 걸 알고 있기 때문이다.
그리고 당신이 아니면 내 마음을
솔직하게 풀어 낼 곳이 마땅치 않기 때문이다.

그리하여 나는 오늘도 내 아기의 짜증을
인내심으로 받아 내려 애쓴다.
내 엄마가 그러는 것처럼.

나는 그렇다 치고,
자식과 그 자식의 자식이 내는 짜증까지 이중으로 받아 내야 하는
내 엄마의 고충은 어찌해야 할지.
하지만 엄마는 엄마니까,
그것 역시 당연하다고 느껴지는 나는 과연 못된 딸이다.

당신의 팔목

엄마, 나를 업긴 했었어?

더운 오전, 친정 엄마와 함께 외출을 했다.
엄마는 손주를 업고 딸을 옆에 걸리며 나들이 길에 나섰다.
날은 덥고 몸은 힘들 테지만
엄마는 늘 웃고 있으니까 나는 그냥 안심이 된다.

엄마는 우리를 키울 때도 수시로 외출을 했다고 한다.
집에 있으면 너무 답답하니까
동생을 등에 업고 큰딸을 옆에 걸리며 나들이 길에 나서곤 했다.
그때나 지금이나 엄마는 아기를 업고, 나는 엄마 옆에서 걷는다.

"나를 업긴 했었어?"
갑자기 그것이 궁금했다.
돌아올 대답을 알면서도…….
"그걸 말이라고 하냐? 네 동생 나오기 전에는 너를 종일 업고 다녔는데."
하지만 어쩌겠는가. 나는 전혀 기억이 나지 않는걸.

오늘 아기를 포대기도 없이 맨 팔로 그냥 안아서 재웠다.

재운 뒤 내려놓고 나니 두 팔이 후들거린다.

이렇게 안아 재운들, 저 녀석은 기억조차 못 하겠지.

그리고 문득,

엄마의 팔목이 보고 싶어졌다.

지금까지 그 팔목은 도대체 어떻게 버티고 있는 건지,

확인하고 싶어졌다.

아이고, 아이고
이렇게나 아팠었음을

잠자리에 누워 하루 일과를 마치는 과정은 늘 곡소리로 시작한다.
아이고, 아이고.

꼭 누가 들으라는 것처럼 한참 동안 앓는 소리를 한 뒤에야
잠을 청한다.
정수리부터 발가락까지 어디 한 군데 안 아픈 곳이 없다.
머리카락 한 올 한 올까지도 다 아픈 기분.
몸을 이리저리 뒤척이며 잠들 때까지
입에서 "아이고." 소리가 멈추지를 않는다.

남편은 또 눈치 없이 한마디를 거든다.
"아프면 병원을 가."
그러든 말든, 내 귓가에는 옛날 컴컴한 안방에서 들려오던
당신의 앓는 소리가 맴돈다.

✳

밤마다 들려오는 엄마의 곡소리가 나는 참으로 싫었다.

자리에 누워 낮게 읊조리듯 들려오는 당신의 "아이고, 아이고."

꾹 참고 참다가 왈칵 북받칠 때면

안방으로 달려가 눈치 없이 한마디를 하고 말았다.

"아프면 병원을 가, 자꾸 그러지 말고."

그러면 엄마는 한층 목소리를 낮추어 곡소리를 했다.

아이고, 아이고…….

왜 병원에 가지 않고 앓는 소리만 하느냐고 물어도

대답을 안 하던 당신.

나 역시 내 남편과 아들에게 무어라고 대답해야 할지 모르겠다.

차라리 감기에 걸리는 게 더 나을지도…….

그러면 병원에 갈 이유라도 생길 텐데.

아이고, 아이고,

당신은 이렇게나 아팠던 거군요.

여전히 잦아들지 않는 당신의 앓는 소리가 이제야 이해되려고 하니,

나 역시 진짜 엄마가 되고 있는 모양입니다.

엄마 냄새

엄마의 빈자리

기억

아침에 느지막하게 눈을 뜨면 습관처럼 안방 문을 열어 본다.
그리고 어김없이 덜렁 홀로 남아 있는 엄마 베개를 본다.
정리되지 못한 이부자리와 베개를 가만히 서서 바라보다가
그 안으로 파고들어 가 눕는다.
엄마 베개에 얼굴을 묻고 이불을 목까지 끌어안아 덮으니
엄마 냄새가 온몸을 진하게 감싼다.
마치 엄마 품에 꼭 안긴 거 같은 기분에
나는 한참을 그러고 있다 잠들곤 했다.

맞벌이를 하느라 바빴던 엄마는
우리의 아침 식사를 준비해 놓느라 정신이 없어
미처 자신의 이부자리는 정리도 못한 채 나가는 날이 많았다.

나는 오히려 엄마의 그런 정신없음이 좋았다.

엄마도 처음이라서 그래

아침에 일어나 눈을 비비며 당신을 찾는 어린 딸을 안아 주기 위해
당신의 온기와 냄새를 일부러 남겨 둔 거 같았다.
바빠서 머리를 빗을 시간은커녕 감을 시간도 부족했을 터다.
그러는 사이 당신의 체취는 깊숙하게 베개에 배어들었고
나는 엄마가 없는 자리에 홀로 남아 있는
엄마 냄새에 마냥 빠져들었다.

엄마 냄새란 그리 좋을 수가 없었다.
그래서 가끔은 동생과 엄마 베개를 두고
쟁탈전이 벌어지기도 했는데,
한참을 싸우다 결국은 반반씩 머리를 베는 걸로 합의를 보곤 했다.

이부자리가 깔끔하게 정돈되어 있는 날이면
괜히 섭섭한 마음에 죄다 파헤쳐 어질러 놓고
그 안으로 파고들어 뒹굴뒹굴했다.
나중에 엄마에게 혼날 일은 둘째였다.
일단은 엄마 냄새 안으로 깊숙하게 파고드는 일이 시급했다.

오늘

아침에 눈을 떠 네가 자는 사이 조용히 방에서 빠져나온다.

남편의 아침을 간단히 준비한 뒤 너의 아침 식사를 준비한다.

식사 준비가 끝나도 일어나지 않는 널 보러 방으로 들어가니,

너는 어느새 내 베개에 푹 파묻혀 자고 있다.

커다란 베개에 뺨을 기대어 입을 헤– 벌리고

잠든 너를 가만히 바라본다.

잠을 자면서도 엄마의 빈자리는 어김없이 알아내고

엄마 냄새가 나는 곳을 정확히 찾아가 얼굴을 묻은 널 보니

지난날 엄마 베개에 얼굴을 묻고 잠이 들던

내 모습이 조용히 떠오른다.

너에게 조심히 다가가 네 얼굴에 뺨을 대며 너의 체취를 느껴 본다.

살이 보드랍고 따뜻하다. 침 냄새와 땀 냄새가 폴폴 풍겨 온다.

그리고 고개를 숙여 내 옷에서 냄새를 맡아 본다.

나에게도 엄마 냄새라는 것이 나고 있는 걸까,

새삼 궁금해진다.

왜 엄마가 됐어?

엄마가 된 이유

"엄마는 왜 엄마가 됐어?"

"……."

내 엄마는 하고 싶은 일이 많았다.
빠듯한 살림살이에 두 딸 육아, 맞벌이까지 하면서도
이것저것 하고 싶은 욕심을 놓지 않았다.

다만 여건이 따르지 않은 까닭으로
엄마는 선택해서 할 수 있는 일이 거의 없었다.
대신 손에서 책을 놓지 않았다.
밖에서 일하는 와중에도 틈틈이 책을 읽었다.
책 속에 또 다른 세상이 있고,
그 세상을 통해 엄마는 간접적으로나마
많은 걸 이룰 수 있다고 했다.

하지만 현실은 지긋지긋한 살림과 일에서 벗어나지 못하는 당신.

나는 세상 밖 어딘가로 향한 엄마의 시선이 싫지 않았다.

너무 엄마 같은 엄마보다 더 멋지다는 생각도 들었다.

그리고 가끔은 매사 '어쩔 수 없는' 선택만 하며

살아야 하는 당신이 답답하게 느껴지기도 했다.

"엄마는 왜 엄마가 됐어? 그냥 혼자 편하게 살지.

하고 싶은 거 이것저것 다 하며 자유롭게 살지. 왜 결혼을 했어?"

"그러게 말이다."

당신의 그 짧은 대답에 나는 더 할 말이 없었다.

늙은 내 엄마는 여전히 하고 싶은 일이 많다.

얼굴을 뒤덮은 자글자글한 주름 속에서

알 수 없는 의욕 같은 게 꿈틀거리는 걸 볼 때면 묘한 기분이 든다.

그리고 이제야 조금은 편해진 것처럼 보이기도 한다.

무언가의 압박에서 벗어나 온전한 자신을 찾은 듯한 모습.

그동안 몹시 상하고 늙어 버린 몸이 되었지만

오히려 편해 보이는 당신의 표정이 그리 싫지만은 않다.

엄마는 왜 엄마가 됐어?

나중에 내 아이가 그리 묻거든 나는 이렇게 대답하리라 생각했다.

"널 만나고 싶어서."

너를 무척이나 만나고 싶었다.

하지만 너를 만남과 동시에 사라진 나 자신을

온전히 다시 만나게 되는 날 역시 기다린다.

플러스 엄마성장기

봉봉날다가 알려 줄게요!

01

울리지 않고 단유하는 법

저는 아이와 엄마 둘 다 스트레스 받지 않고 자연스럽게 단유를 하기 위해 오랜 시간 노력을 해왔습니다. 그러다 보니 단유하는 데 4개월이나 걸렸지요. 시간이 오래 걸리기는 했지만 그만큼 서로가 크게 힘들지 않고 편안하게 단유를 했다고 생각합니다.

단유하는 법에는 많은 방법들이 있습니다. 독하게 마음먹고 한 번에 끊기, 천천히 횟수를 줄여 나가며 끊기, 젖을 먼저 말리기, 아이와 잠시 떨어져 있기 등등. 이중에서도 저는 아이를 울리지 않고 서서히 끊는 법을 선택했습니다. 혹시나 오해하실까 봐 말씀드리는데, 울리지 않는다는 건 아이의 눈물을 한 방울도 보지 않고 젖을 끊는다는 뜻은 아닙니다. 다만 아이에게 극도의 스트레스나 불안감을 줄 정도로 심하게 울리지 않고, 엄마뿐만 아니라 아이 스스로도 젖을 끊으려는 노력을 할 수 있도록 자연스럽게 단유하는 법을 말씀드리는 거니 오해 없으시길 바랍니다.

단유를 첫 시도한 것은 15개월쯤 되었을 때였습니다. 그 무렵 아이가 밥을 너무 안 먹어서 처음으로 단유에 대한 고민을 하기 시작했습니다. 저는 수유 횟수를 서서히 줄여 나가기로 했습니다. 낮 수유를 먼저 줄이고 그 후에 밤

수유를 줄였죠. 그때 단유를 위해 시도한 방법은 아래와 같습니다.

1. 울리는 방법에는 한계가 있어요

젖을 물리지 않고 재우기 위해 무작정 울려도 보았습니다.
그런데 2시간 내리 악을 쓰며 울다 지쳐 잠들었다가, 30분
만에 다시 깨서 악 쓰며 우는 아이를 보는 일이 너무나 괴로
웠습니다. 게다가 불안함을 느꼈는지 그 다음날부터 갑자기 젖 집착
을 보이는 거예요. 많은 사람들이 추천하는 울리는 방법은 오히려 역효과만
낳았지요.

2. 이해할 때까지 설명해 줘요

"이제 엄마 찌찌는 아파서 더 이상 먹을 수 없대. 너무 아야 하니까 이제
보내 주자." 등 엄마 젖과 이별해야 하는 이유에 대해 아이에게 설명해 주었
습니다. 일방적 설득이 아닌 진솔한(?) 대화를 나누는 것입니다. 이제 엄마
젖을 물고 잘 수 없는 이유, 엄마가 계속 안아서 재울 수 없는 이유, 네가 혼
자 누워서 자야 하는 이유 등등. 매일 꾸준히 해왔습니다. 아이가 고개를 끄
덕일 때까지요.

인내심을 갖고 대화를 하다 보면 말 못하는 아이라도 엄마 말을 알아듣고
이해합니다. 알았다고 고개를 끄덕이고 나면 그 후부터는 아이가 스스로 노
력하는 모습을 보입니다.

3. 이별식을 해요

"안녕 잘 가. 그동안 고마웠어. 빠빠이~." 정식으로 엄마 젖과 이별 인사를 하였습니다. 이때 아이가 이별식을 잘 따라와 준다면 아이도 어느 정도 단유에 대한 상황을 이해하고 받아들이기 시작한 겁니다.

4. 반창고나 빨간약, 홍삼을 발라요

엄마가 아프다는 걸 충분히 설명해 주었음에도 아이가 참지 못하고 젖으로 파고들 때는 반창고를 붙이거나 빨간약, 홍삼 등을 발라 보세요. 엄마의 아픔을 알고 아이도 이내 포기합니다. 이때부터 저희 아이도 스스로 엄마 젖을 참는 노력을 하기 시작했습니다.

5. 시도 때도 없이 간식을 줘요

사방에 간식 접시를 늘어놓고 쉬지 않고 먹을 수 있도록 했습니다. 아이가 좋아하는 간식을 코에 갖다 대며 냄새로 자극했지요. 이때부터는 엄마가 더욱 부지런해져야 합니다. 아이의 마음을 사로잡을 수 있는 먹을거리들을 다양하고 새롭게 준비해야 하거든요. 시판용 주전부리로는 오히려 아이의 입맛만 바꿔 놓을 수 있으니 엄마표 간식 식단이 필요합니다.

6. 바쁘게 놀아 줘요

집에서 엄마와 둘이 놀다 보면 더 젖 생각이 나서 많이 보채게 됩니다. 밖으로 나가 아이가 적극적으로 놀이 활동을 할 수 있도록 도와주세요. 온 가족의 힘을 빌려도 좋습니다. 저는 놀이터 등을 다니며 하루 종일 바깥 활동을 하기도 했습니다.

7. 아기띠보다는 포대기가 좋아요

아기띠보다는 포대기가 엄마 몸과 더 밀착하여 포근한 느낌을 줍니다. 저희 아이도 아기띠로 안으면 울고불고 하다가도 포대기로 업어 주면 편안하게 안정을 찾았습니다.

물론 처음부터 100퍼센트 완벽하게 엄마 젖 없이 잠들지는 못했어요. 쉽게 잠들지 못해 한참을 뒤척이기도 했습니다. 하지만 숨넘어갈듯이 자지러지게 악에 받친 울음은 하지 않았고 젖으로 무조건 파고들지도 않았습니다. 가만히 누워서 스스로 자려고 노력해 주었습니다.

그러다가 기적처럼 스르르 잠이 들더라고요. 그런 아이를 옆에서 보며 저는 숨죽여 눈물을 흘렸습니다. 엄마의 말을 알아듣고, 엄마 마음을 이해해 주고, 어떻게든 해보려고 노력하고 애쓰는 모습이 기특해서요. 그리고 너무 고마워서요.

"고마워요, 미안해요, 사랑해요." 저는 아이에게 이 말만 되풀이해 말해 주었습니다.

모유 수유 하시는 어머님들, 단유 때문에 고민 정말 많으시죠. 저 역시 얼마나 고민을 했는지 모릅니다. 젖 떼는 일이 참 힘들고 방법도 다양해서 엄마와 아이는 갈팡질팡 어려움을 많이 겪게 됩니다. 저 역시 여러 가지 방법을 시도해 보며 시행착오를 겪다가 마침내 저희에게 맞는 방법을 찾게 되었죠. 어떤 방법을 선택하시든 그건 엄마의 마음이라고 생각합니다. 하지만 이왕이면 아이와 엄마 둘 다 스트레스를 덜 받는 방법으로 선택하시길 바랍니다. 천천히 가도 좋다면, 저처럼 울리지 않고 단유하는 법으로 해보시는 것도 좋을 거 같습니다.

02
편식하지 않고
잘 먹는 아이로 키우는 법

지금은 편식 없이 뭐든 잘 먹으며 건강하게 자라고 있는 저희 아이는, 예전에는 극심한 밥 거부로 엄마의 속을 까맣게 태웠습니다. 아이가 밥을 먹지 않는 방법과 이유는 여러 가지입니다. 아이들의 입맛은 엄마가 생각하는 것 이상으로 섬세하고 예민해요. 저는 밥 안 먹는 아이를 관찰하며 '먹지 않는 방법과 이유'에 대해 연구하기 시작했어요. 그리고 마침내 저만의 방법을 찾아내게 되었답니다.

1. 밥 안 먹는 아이는 굶기면 더 좋아해요

독한 마음을 먹고 아이가 밥을 찾을 때까지 굶겨 보기도 했습니다. 그런데 하루 종일 밥을 굶고도 태연하게 구는 아이를 보니 가슴이 철렁했어요. 저희 아이는 입이 짧고 먹는 것에 욕심이 없다는 걸 알게 되었죠. 저희 아이는 굶으면 굶는 만큼 손해인 거예요. 밥 먹기 싫어하는 아이는 굶기면 더 환영합니다. 그리고 더 큰 문제는 굶는 게 점점 습관이 될 수도 있다는 겁니다.

2. 화가 나는 진짜 이유

밥을 먹지 않는 아이에게 밥을 먹이는 일은 그야말로 전쟁이나 마찬가지입니다. 밥을 먹일 때마다 스트레스가 너무 심해서 저도 모르게 아이에게 화를 내곤 했죠. 아이는 아이대로 얼마나 스트레스 받을까 생각하니 너무 미안했습니다.

그 후부터 '내가 열심히 만들었으니 너는 이것을 다 먹어야 해.' 라는 마음부터 버렸습니다. 먹기 싫을 수도 있지, 맛이 없나 보다, 배가 부른가? 입맛이 없나? 등등. 다양한 이유를 생각하며 좀 더 너그럽고 다양하게 생각하는 연습을 하기 시작했습니다.

아이가 밥을 잘 안 먹는다면 아이의 식사 시간을 즐겁게 만들어 주는 작업부터 해야 합니다. 그러기 위해서는 아이 밥상에서 엄마의 스트레스와 화를 제거하는 일이 우선이에요.

3. 밥을 안 먹는 방법을 살펴요

저는 다음과 같이 아이가 밥을 안 먹는 방법을 유심히 관찰하여 각 상황에 따라 다른 대처를 해주었습니다.

• 숟가락을 거부하는 경우

숟가락 자체를 거부할 때는 먹는 것 자체가 싫다는 의미입니다. 입맛이 없거나 아직은 배가 고프지 않은 거죠. 저는 몇 번 시도해 보고 아예 먹을 생각조차 안 하면 그냥 숟가락을 내려놓았습니다. 지금 만든 거라고 꼭 아이가 지금 바로 먹을 필요는 없다고, 제 마음을 다독이면서요. 대신 밥 때를 기다리는 동안은 그 어떠한 간식도 먹이지 않았습니다.

• 입안에 물고 있는 경우

배가 고프기는 한데 입안에 들어온 밥의 식감이나 맛 등이 마음에 들지 않을 때입니다. 뱉지 않는 이유는 엄마에게 혼이 나거나 혹은 뱉으면 다른 밥이 들어오니 방어하는 걸 수도 있어요. 저는 그럴 때 억지로 다그치기보다 아이가 좋아할 만한 반찬을 후다닥 준비해서 곁들여 주었습니다.

• 바로 뱉어 버릴 경우

바로 뱉는 건 도저히 참을 수 없는 맛이라는 뜻입니다. 그럴 때는 바로 밥상 아웃이에요. 아예 새로운 음식으로 다시 만들었습니다. 맛없는 걸 억지로 먹는 건 누구에게나 괴로운 일이잖아요.

4. 편식하는 아이도 좋아하는 요리법과 재료가 있어요

아이의 입맛을 사로잡기 위해 많은 노력을 했습니다. 매일 새로운 식재료를 하나씩 선택했고, 새로운 조리법을 하나씩 시도했습니다. 그야말로 '시도'입니다. 지금까지 안 해본 재료들과 조리법을 다양하게 시도해 보며 내 아이의 반응을 관찰하는 거예요. 어떤 식감을 좋아하는지, 어떤 재료와 색을 좋아하는지, 삶고 굽고 으깨고 튀기고 끓이는 것 중 어떤 방식을 더 좋아하는지, 어떤 재료와 어떤 재료들이 궁합이 맞고 내 아이가 잘 먹는지를 매일 연구하며 다양한 시도를 해보았습니다.

• 맛있는 음식은 아이도 좋아해요

최대한 맛있는 상태를 제공하기 위해 식재료를 냉동 보관해서 사용하지 않았고, 갓 장본 재료들로 바로 해 먹였습니다. 매 끼니마다 새로운 반찬을 만들었고, 한두 번 먹을 양만 만들어서 한 끼도 중복으로 먹인 적이 없습니다. 심지어 한 끼를 먹이기 위해 3~4번 밥을 다시 하기도 했습니다. 밥을 거부하던 아이가 새 밥을 지어 주니 한 그릇을 뚝딱 먹더라고요.

• 재료가 아닌 조리법이 싫은 경우도 있어요

계란 프라이를 먹지 않던 아이에게 으깬 두부와 우유를 넣어 부드럽게 계란찜을 해주니 잘 먹었고, 가지나물을 좋아하지 않던 아이에게 작게 잘라서 소고기와 함께 볶아 주니 매우 잘 먹더라고요.

이렇게 아이가 먹지 않는 재료도 다른 조리법으로 변화를 주거나 좋아하는 재료와 같이 요리를 해주면 잘 먹는 경우가 많습니다. 아이가 좋아하지 않는 음식이라고 해서 식단에서 아예 빼버린다면 아이는 그 음식과 친해질 기회마저 잃게 됩니다. '우리 아이는 이거 안 먹어.' 라고 단정 짓는 순간, 정말 그 음식을 안 먹는 아이가 됩니다. 억지로 먹으라고 할 수는 없지만 자주 접하도록 꾸준하게 식탁에 올리는 노력이 필요합니다.

• 먹는 즐거움을 알려 주세요

식사는 가능한 한 엄마와 아이가 함께하세요. 엄마가 맛있게 먹는 모습을 자주 보여 주셔야 아이도 거부감이 줄어듭니다. 텔레비전이나 영상을 보며 먹는 것도 금물입니다. 먹기는 해도 씹지 않고 물고 있는 경우가 많습니다.

또한 먹는 즐거움을 알아 갈 기회를 잃게 됩니다.

5. 바깥 음식과 인스턴트 음식을 차단해요

저는 아이의 입맛을 사로잡기 위해 바깥 음식을 일절 차단했습니다. 세 돌이 될 때까지 외출할 때는 무조건 도시락을 썼습니다. 햄, 소시지, 참치, 어묵 등의 가공식품이나 냉동식품을 반찬으로 주지 않았고, 5세가 된 지금도 먹이지 않습니다. 마트표 과자나 주스 등의 군것질거리도 제한해 왔습니다.

아이가 밥을 잘 먹지 않는다면 당분간 과일이나 유제품 등의 간식을 중단하는 것도 좋습니다. 입이 짧은 아이는 사과 한 쪽만 먹어도 포만감을 느껴한 끼니를 거르기도 합니다. 본인은 배가 차게 먹었다고 생각하는데 또 밥을 주는 엄마가 이상하게 느껴지는 거죠. 아이의 밥 개념과 엄마의 밥 개념은 다를 수 있어요. 달콤한 마트표 간식을 자주 먹는다면 밥과 더 멀어질 수밖에 없겠죠. 아이의 식습관을 개선할 때까지 당분간은 엄마표 밥과 물 외에모든 간식류를 중단해 보세요. 아이가 밥을 잘 먹기 시작한다면 그때부터 간식을 다시 시작하면 됩니다. "밥 잘 먹으면 간식 하나 줄게." 하며 약속을 하는 것도 좋지 않습니다. 그것이 습관이 되면 아이는 자연스럽게 밥을 먹다가간식 먹을 배를 남겨 두게 됩니다.

6. 보기 좋은 음식이 아이도 먹기 좋아요

밥을 잘 안 먹는 아이는 다른 아이들보다 더 섬세한 아이일 수 있습니다. 작은 변화도 크게 느끼고, 시각에도 민감하여 알록달록한 색감이나 디자인도 좋아하지요. 단순히 먹는 행위보다 다른 일들에 관심이 많아요. 그런 아이는 흥미를 가질 만한 분위기를 만들어 주면 식사에 관심을 보일 수 있습니다. 아이가 좋아하는 예쁘고 알록달록한 식판이나 숟가락, 물컵 등을 구입해 보는 것도 도움이 됩니다. 가끔은 아이에게 직접 좋아하는 식기를 고르게 하는 것도 좋아요.

03

엄마들이 가장 많이 물어본 유아식에 대한 궁금증

I. 아이 음식 간하는 순서: 참기름 ➡ 간장 ➡ 소금

아이 반찬에 간은 최대한 늦게 하는 것이 좋습니다. 꼭 언제까지 간을 하지 말라는 규칙은 없지만 최소한 두 돌까지는 간을 하지 않는 것을 권합니다. 유아식을 만들 때 육수를 사용하면 간을 늦추는 데 도움이 됩니다.

하지만 밥을 너무 안 먹는 아이를 키우다 보면 어쩔 수 없이 간을 하여 맛을 높여 주게 되는 경우가 있죠. 그럴 때는 바로 소금을 넣어 주는 게 아니라, 참기름부터 시작해 보세요. 진밥을 먹기 시작할 때도 참기름 1티스푼을 넣어 주면 향과 맛이 좋아져 밥 안 먹는 아이의 입맛을 사로잡는 데 도움이 됩니다. 그 다음 간하는 단계는 간장입니다. 처음에는 간장 1티스푼 이하로 넣고 간을 맞추기 시작합니다. 그리고 제일 마지막 단계로 소금을 사용합니다. 맛소금은 첨가물 들어간 소금이니 아이 밥에 사용을 자제해 주시고 천일염, 구운 소금, 죽염 등을 사용하면 좋습니다.

2. 기름 사용하는 시기

보통 돌이 지나 유아식을 하기 시작하면 볶음밥이나 덥밥을 많이 준비하게 됩니다. 진밥이나 죽 형태를 먹다가 첫 유아식을 시작하는 아이에게 바로 기름으로 볶은 볶음밥을 주는 건 조금 무리가 갈 수 있어요. 아이가 볶음밥을 먹지 않고 뱉는 경우도 있는데, 부드러운 진밥을 먹다 바로 기름지고 고슬고슬한 볶음밥을 먹기가 힘들기 때문입니다.

이유식을 졸업하고 첫 유아식을 시작할 때는 물로 볶는 걸 권합니다. 그리고 첫 기름은 참기름으로 시작하면 좋아요. 볶음요리를 할 때 숟가락으로 물을 넣어 볶다가 물기가 졸아들면 마지막에 참기름 1티스푼을 넣고 가볍게 저어 준 뒤 불을 끕니다. 그렇게 서서히 기름 요리와 익숙해지면 일반 기름을 사용하여 볶음이나 튀김 요리도 접하게 해주세요.

들기름은 좋긴 하지만 보관이 까다롭기 때문에 냉장보관하고 짧은 시간 안에 드셔야 합니다. 저온 볶음이나 무침에 사용하면 좋습니다. 들기름 이용이 힘들면 들깨가루를 아이 반찬에 넣어서 활용해 보세요.

3. 설탕에 관하여

감미료의 종류는 무궁무진한데요. 저는 설탕, 조청, 올리고당, 매실액 등 다양하게 사용하는 편입니다. 물론 제 방식이 무조건 옳은 건 아니에요. 아이 밥에 사용할 감미료를 고를 때는 천연재료인지, 인공재료인지부터 과당 함유량까지 꼼꼼하게 따져 주세요. 어른에게는 좋은 감미료일지라도 아이에게는 좋지 않을 수 있어요. 그러니 주변 이야기를 맹목적으로 따르기보다 엄마 스스로 꼼꼼히 따져서 사용하는 지혜가 필요합니다.

4. 음식 데우기, 해동 방법

냄비에 넣고 약불로 은은하게 데우거나 중탕을 합니다. 냉동해 놓았던 음식은 사용하기 전날 냉장실로 옮겨 자연스럽게 해동되게 해주세요. 저는 아이 밥에 전자레인지 사용은 거의 안 합니다. 전자레인지에 데운 건 맛이 없어요. 금방 굳어 버리고요.

음식은 정성입니다. 아이 밥도 마찬가지입니다. 조금이라도 더 정성을 쏟은 음식은 더 맛있게 느껴질 수밖에 없습니다. 데우는 방법에 따라서 맛도 확 달라집니다. 그 차이는 아이들도 다 압니다.

5. 소고기 먹이기

소고기는 아이의 치아나 개월 수에 맞는 식감이 아니면 거부감을 느껴 뱉어 내는 경우도 있습니다. 치아가 덜 나거나 개월 수가 어린 경우는 최대한 잘게 다져서 부담감 없이 부드럽게 먹을 수 있도록 해주세요. 다짐육도 먹기 힘들어한다면 고기를 삶은 뒤 곱게 갈아서 반찬이나 국에 뿌려서 활용합니다. 치아가 많이 난 개월 수가 되면 고기의 크기를 조금 키워서 아이가 직접 씹는 훈련을 할 수 있도록 도와줍니다. 엄마가 집에서 칼로 직접 다지는 게 가장 좋지만, 그것이 여의치 않을 때는 스트레스 받지 마시고 그냥 다짐육을 사용하세요.

소고기 특유의 누린내 때문에 거부하는 경우도 있습니다. 적당하게 핏물을 제거하고 조리하면 좋습니다. 냉동실에 있던 고기는 얼린 채로 바로 요리를 하면 물도 많이 나오고 냄새가 나기도 합니다. 냉장고에서 천천히 해동을 한 다음 물기와 핏물을 제거하고 요리하면 깔끔합니다.

소고기 부위도 지방보다는 살코기 위주로 된 부위를 선택하면 좋습니다. 어린 개월 수에는 등심이나 안심이 부드럽고 먹기 좋습니다. 잘 씹고 소화도 잘 시키는 개월 수가 되면 살코기 위주로 다른 부위들을 다양하게 접하게 하세요.

6. 잡곡 먹이기

소화기가 약한 어린 아이들에게는 무리가 갈 수 있습니다. 그러니 처음 유아식을 시작할 때는 흰쌀밥으로 해주는 것이 좋습니다. 아이가 밥을 먹는 일에 익숙해지면 천천히 잡곡의 양을 늘려갑니다. 이때 시작은 백미에 잡곡 한 숟  가락을 섞어 지은 밥을 먹입니다. 아이의 변 상태를 늘 확인하여 소화 못 시키고 그대로 나오지 않나 체크한 뒤, 서서히 잡곡의 양을 숟가락 단위로 늘려 줍니다. 잡곡은 다양하게 혼합을 하는 것보다 한 종류씩 넣어서 시작하는 것이 좋습니다.

04
내가 해본 최고의 수면 교육

어느 순간부터 무조건적으로 그 누군가의 말만 신뢰하고 있는 저를 발견했습니다. 나의 소신, 나를 기른 엄마의 경험, 그리고 내 육아의 가장 주체인 내 아이의 마음까지 무시하는 사태를 경험하기도 했었죠.

그런 과정에서 제가 가장 힘들었던 첫 번째 관문은 바로 수면 교육이었습니다. 결과부터 말씀드리자면 저는 수면 교육에 완벽하게 실패했습니다. 충분히 수면 교육의 필요성과 중요성에 대해 숙지하며 노력했음에도 말이죠. 넘쳐나는 정보와 성공 사례들은 절 혼란스럽게 만들었고, 이는 자책과 죄책감으로 이어졌습니다.

'남들 다 하는 거 이거 하나 못해서……' 이런 생각만으로도 육아는 끝도 없는 난관 속으로 빠져들었고, 아이는 점점 더 심하게 울었습니다. 그러다 어느 날 아이의 눈빛을 보았습니다. 너무도 서럽게 울고 있는 아이의 눈빛을 가만히 들여다보고 있으니 내가 지금 이러고 있는 이유가 기억나지 않았습니다. 그저 아이만 안으면 다 끝나는 일인데 왜 그렇게 나 자신과 아이를 괴롭히고 있는지. 그 순간 머릿속이 하얗게 되어 버렸던 거 같습니다. 저는 아무 말 없이 아이를 꼭 안았습니다. 아이는 순식간에 울음을 멈추었고 곧이어

제 품에서 깊은 잠이 들었습니다. 빨갛게 상기된 얼굴은 땀과 눈물과 콧물로 범벅이 되어 있었고 자는 와중에도 이따금씩 훌쩍이기를 반복했습니다. 저는 아이를 더 깊게 끌어안았습니다. 그제야 제가 살 것 같았습니다.

그날부터 저는 수면 교육과 온갖 육아 이론을 내려놓고, 대신 저와 아이가 마음의 안정을 얻을 수 있는 육아 이론을 찾아 헤맸습니다. 패자의 핑계이고 변명일 수도 있습니다. 제 스스로에 대한 합리화일 수도 있습니다. 아무래도 상관없습니다. 일단 아이도 울고 저도 우는 괴로운 시간에서 도망쳐 저의 육아를 더욱 행복하게 해줄 도피처가 필요했습니다. 그리고 그 도피처는 의외로 저희 친정 엄마의 무심한 듯한 한마디에서 찾았습니다.

"안아 달라면 그냥 안아 줘."

아이가 보채면 밤낮없이 포대기부터 꺼내 업기부터 하는 친정 엄마의 모습을 어느 순간부터 저도 따라 하기 시작했습니다. 그렇게 심하게 보채던 아이도 포대기 안에서는 울음을 멈추고 편안하게 잠이 들었습니다. 친정 엄마 전용으로 사다 놓은 포대기는 그날부터 제가 더 열심히 사용했습니다.

그리고 저는 아이를 업어 재우며 한 손에 책을 들고 읽기 시작했습니다. 다만 이전의 독서 양상과는 많이 달라졌습니다. 내가 원하고 필요로 하는 책들을 골라 읽기 시작한 거예요. 대체적으로는 엄마와 아이를 편안하게 해주는 애착 육아에 관한 것들이 주를 이루었습니다. 그것은 곧 엄마와 아이가 서로를 신뢰할 수 있는 믿음에 관한 것들이었습니다. 잘 자고 잘 먹고 잘 노는 아이로 기르는 것보다, 아이와 저의 애착을 강화하는 일이 지금 이 순간 무엇보다 필요한 것임을 인지하기 시작했습니다. 그것은 곧 나의 육아를 합리화 시켜 주는 작업이었고, 내가 엄마로서 흔들리지 않기 위해 더없이 필요한 것이었습니다.

누구에게나 자기에게 맞는 방법이 있습니다. 육아에 있어서 특히 중요한 건 그 누군가의 패턴에 내 아이를 맞추는 일이 아니라, 내 아이의 성향을 발견하고 그것에 육아를 맞추는 일입니다. 그것이 곧 애착 육아의 시작이기도 합니다. 수면 교육을 못해서 수시로 잠에서 깬 아이를 업어 재워야 하고, 단유도 단번에 못해서 20개월까지 모유 수유를 하고, 심지어 단유하는 그 순간까지 밤중 수유를 이어 간다 한들 나와 아이가 행복하다면 그걸로 충분히 나의 육아는 잘 되고 있는 겁니다. "수면 교육 안 해요? 아직도 모유 수유 해요? 밤중 수유부터 끊으세요." 그 말 한마디에 또 휘청거리며 그날부터 뭘 하겠다고 아이랑 엄마랑 둘이 눈물바다가 되는 일은 이제 접어 두세요.

그렇게 울며불며 잠투정하던 저희 아이는 20개월 가까이 되었을 무렵부터 혼자서 잘 자기 시작했습니다. 한 번 누우면 아침이 될 때까지 업어 가도 모를 정도로 푹 잠을 잡니다. 때로는 너무 자는 거 아닌가 싶을 정도로요. 심지어 졸리면 혼자 방에 들어가서 잘 때도 있고, 엄마 없이도 친척 집에 가서 잠을 자기도 합니다. 이런 날이 올 줄 예전에는 상상도 못했는데, 때가 되니 이렇게 잘 자는 날이 오고야 마네요. 인정하기 싫었지만 이것 역시 친정 엄마의 말이 맞았습니다. 때 되면 다 합니다.

05

엄마들의 최대 과제, 애착 육아

저희 아이는 다섯 살이 되어 처음으로 기관에 입소를 하였습니다. 5세에 어린이집에 입소라는 계획은 사실 제게는 없던 것이었습니다. 고민은 되었으나 천천히 아이 때를 기다리기로 한 거죠. 그러다 아이가 5세가 되면서 학교(어린이집)에 가고 싶다는 말을 해주었고 저는 그에 맞추어 아이가 갈 수 있는 곳을 찾아주었습니다. 그렇게 처음 시작한 기관 생활을 아이는 잘 해주고 있습니다.

아이의 때를 기다리는 동안 저는 집에서 애착 육아에 더욱 힘을 썼습니다. 애착 육아라고 해서 아이와 뭔가 대단한 걸 하며 보낸 건 아니에요. 그저 아이와 지겨울 정도로 붙어서 일상의 모든 걸 함께하는 것, 그게 다였던 거 같습니다.

I. 내 아이가 혹시나 이기적인 아이가 될까 봐 걱정인가요?

그런 걱정은 내려놓으셔도 괜찮습니다. 아이에게는 더욱 이기적으로 사는 시간이 필요합니다. 다 내 것이고, 나만 해야 하고, 내가 가고 싶은 곳으로 가야 합니다. 그런 시기를 충분히 누려야 그 바탕을 토대로 타인에게 배려하고 양보하는 마음도 자라날 수 있습니다. 이기적으로 살아 보지 못한 아이는 오히려 타인을 배려하며 살기가 힘이 듭니다. 내 것을 충분히 누리지 못했으니 남으로부터 내 것을 지키는 법이 더 익숙해질 테니까요.

2. 아이가 아무것도 안하고 심심해한다고 걱정하지 마세요

아이도 때로는 심심한 시간이 필요합니다. 혼자 가만히 잘 있다면 그런 시간을 충분히 인정해 주세요. 아이가 심심해 보인다는 이유로 굳이 텔레비전 앞으로 안내할 필요는 없습니다.

혼자서 관찰하고 탐구하고 이것저것 놀 거리를 생각해 내는 시간이 필요해요. 아이는 사실 심심한 것이 아니라 혼자서 탐색을 하고 있는 건지도 모릅니다. 가만히 있는 거 같아도 아이들은 끊임없이 무언가를 하고 있습니다. 그럴 때는 잠시 옆에서 조용히 지켜봐 주세요. 그 시간을 방해받지 않도록 지켜주는 사람  이 필요합니다. 그것이 우리 엄마들의 역할이며 애착 육아의 기본이 되기도 합니다.

3. 아무것도 하지 않아도 좋아요

힘들면 그저 아이를 안고 누워서 웃어 주기만 해도 좋습니다. 노래도 불러주고 대화도 많이 나누세요. 방 청소 좀 못해도 괜찮아요. 어차피 쓸고 닦고 반짝반짝 하게 해놔도 아이가 한 번 출동하면 순식간에 엉망이 되잖아요. 설거지 좀 밀리면 어때요. 당장 쓸 컵이랑 숟가락만 있으면 되죠.

4. 아이 데리고 어디든 다녀보세요

동네 슈퍼나 대형마트, 시장 등을 다니기만 해도 아이에게는 큰 즐거움이고 새로운 자극이 됩니다. 공원이나 놀이터에서 바람도 쐬고, 나뭇가지, 개미, 흙, 돌 등을 하나하나 만져 보며 아이와 이야기를 나눠 보세요. 하루에 한 장씩 스티커북, 색칠 공부, 선 긋기나 따라쓰기, 오리기 학습지 같은 것을 해보아도 좋아요. 아이에게 좋은 자극이 됩니다. 식사 준비를 할 때는 옆에서 멸치 머리라도 제거하는 일거리를 주세요. 케이크 칼 하나 쥐어 주며 호박, 두부, 바나나와 같이 부드러운 재료들을 맡겨 주세요. 요리 실력이 일취월장하는 모습을 볼 수 있을 거예요. 빨래를 널 때는 아이에게 하나씩 털어 달라고 부탁하세요. 조금 더 크면 반듯하게 널 수도 있게 됩니다.

5. 직장 다닌다고 결코 애착 육아를 할 수 없는 건 아니에요

직장맘이라면 아이에게 좋은 말만 해주려고 노력하기보다 엄마의 마음을 아이에게 솔직하게 보여 주세요. "엄마 많이 보고 싶었어?"라고 묻기 전에 "네가 너무 보고 싶었어."라는 말부터 해주세요. "잘 놀았어?"라는 말 전에 "엄마는 오늘…." 하며 엄마의 일과부터 이야기해 주세요. "미안해."라는 말 전에 "고마워."라는 말부터 해주세요.

그렇게 아이에게 먼저 엄마의 마음을 충분히 알려 준 다음에 아이를 안고 물어봐 주세요. 잘 놀았는지, 엄마가 많이 보고 싶었는지, 기분은 좋은지 등등. 아이는 엄마의 마음을 충분히 이해하고 받아들일 준비가 되어 있답니다. 낮에 아이와 떨어져 있었으니 아이와 있는 시간만큼은 아이만 바라보는 시간을 가져 보세요. 단 30분이라도 좋습니다. 모든 것을 내려놓고 온전히 아이에게만 집중하는 시간을 보낸다면 그것이 바로 짧은 시간 효율적으로 아이와 애착을 형성할 수 있는 방법입니다.

책을 마치며

나의 낭군님,
당신이 김 작가라 불러 주시니
저는 정말로 김 작가가 되었습니다.

늘 미안하고 고마워요.
사랑합니다.

- 당신의 김 작가, 이쁜이 올림